오늘도
충실히
덕을 쌓았습니다

홍만춘 에세이

오늘도
충실히
덕을 쌓았습니다

홍만춘 에세이

Manus

To be Honest

일러두기

일부 표준어가 아닌 단어는 글맛을 살리기 위해 그대로 두었습니다.

마음이

진짜

―――――

　첫 책 『웰컴 투 패닉 에어포트 : 나는 공황장애가 있는 공항 직원입니다』가 세상에 나온 지도 2년이란 시간이 흘렀다. 책의 부제에서 눈치챘겠지만 나는 공항에서 일하던 시절 공황장애와 불안장애, 우울증을 앓았다. 코로나로 인해 직장에서 잘리고 엄마를 천국에 보내주는 큰일을 치르며 삶을 살아가고자 하는 모든 희망과 용기가 땅바닥에 처박혔을 때, 나를 살게 해준 것은 내가 좋아하던 것들이었다. 좋아하는 사람들의 응원, 좋아하는 예능 프로그램, 좋아하는 책, 좋아하는 음식… 조금은 조심스럽고, 때로는 벅차오르고, 아주 사소하지만 내 안에서는 커다란 의미로 반짝이는 것들.

우리는 좋아하는 걸 좋아한다고 말하는 데 익숙하지 않다. 누군가를 향한 응원, 어떤 취향에 대한 애정, 사소한 설렘조차도 때로는 감춰야 할 감정처럼 여겨지곤 한다. 덕질은 유치하다는 시선, 그 이상 빠져들면 안 된다는 경계선. 그런 시선들 앞에서 점점 움츠러들게 마련이지만 좋아하는 마음은 결국 우리를 살아가게 하는 힘이다. 하루를 버티게 하는 작은 기쁨, 좋아서 가슴이 뛰는 그 감정은 결코 미약하지 않다.

누구나 무언가를 좋아할 자격이 있고 그 마음을 소중히 여길 권리가 있다. 좋아하는 마음은 그 자체로 충분히 소중하다. 누군가에겐 평범한 대상일지 몰라도 내겐 하루를 견디게 해주고 지친 마음을 일으켜주는 유일한 무언가가 다들 하나쯤은 있을 것이다. 이유를 대지 않아도 충분하고 증명하지 않아도 되는 마음. 그냥 좋아서 좋은 것.

딱히 해가 되는 것도 아닌데 좋아한다는 이유만으로 괜히 머쓱해지는 순간이 있다. 좋아한다고 했을 뿐인데 과몰입이라는 이름표가 붙고, 나이 먹고 그게 뭐냐는 표정을 마주하게 될 때도 있다. 하지만 아무렴 뭐 어떠랴! 〈아모르 파티〉 김연자 선생님도 말하지 않았나, '나이는 숫자, 마음이 진짜'라고.

이 에세이는 마음이 시키는 대로, 내가 좋아하는 것들을 마음껏 사랑한 순간들의 기록이다.

목차

Part 1. 현생과 덕질 사이

Part 2. 삶이 힘들 땐 좋아하는 것 한 스푼

Part 3. 좋아하는 마음은 지지 않는다

Part 1.
현생과 덕질 사이

세상에서 제일 어려운 건 '마음'이다. 왜 신은 사람에게 마음을 줘서 이다지도 괴롭히는지 모르겠다. 사실 신이 마음을 만들어낸 건 일종의 벌칙 게임이고 우리는 그로 인해 한평생 태어나 죽을 때까지 마음대로 되지 않는 마음을 지니게 된 것은 아닐까?

덕질

봉인 해제

덕력은 모든 사람에게 잠재되어 있는, 하지만 꼭 모든 이가 깨닫지는 못하는 특별한 능력치다. 우리는 때로 스스로도 모르는 취향과 열망을 품고 살아간다. 그러다 어느 순간 운명처럼 '그것'을 만나게 되는 것이다. 마음속 깊은 곳에 잠들어 있던 열정이 깨어나는 순간, 우리는 '봉인 해제'라는 특별한 경험을 하게 된다. 마치 오래 잊고 있던 퍼즐 조각이 제자리를 찾는 느낌처럼 말이다. 좋아하는 대상을 만나는 순간, 평범했던 일상은 특별한 의미를 띠게 되고 우리는 새로운 세상에 발을 들이게 된다.

아르키메데스가 욕조에서 흘러넘치는 물을 보며 유레카를 외쳤다면, 나는 내 마음속으로 떨어지는 덕질 대상과 사랑에 빠지며 〈카드캡터 체리〉의 "봉인 해제"를 외쳤다. 덕질이 봉인 해제되는 순간, 우리는 때로 자신도 놀랄 만큼 열정적으로 변한다. 시간이 어떻게 지나는지도 모른 채 밤새도록 관련 영상을 몰아 보고, 아침에 눈 뜨자마자 추가 소식은 없는지 검색해보며, 한정판 굿즈를 사기 위해 오픈 런을 하거나 티켓팅을 위해 인터넷 창을 무한정 새로 고침 하는 자신을 발견하게 된다. 봉인 해제 뒤에 찾아오는 덕질의 대상이 나의 하루를 지배하고 어떤 일을 하든 그 생각에서 벗어날 수 없는 상태, 이름하야 광기의 시간이다. 사람들이 내게 재밌는 책의 기준을 물으면 나는 '하루 종일 다음 내용을 읽고 싶어서 회사에서도 일에 집중이 되지 않는 안절부절한 상태로 만드는 책'이라 답한다(그런데 이때까지 나한테 재밌는 책의 기준을 물어보는 사람은 별로 없었기에 실제로 입 밖으로 꺼내본 적은 몇 번 없다).

나는 한번 무언가를 사랑하기 시작하면 놀라울 만큼 깊

이 사랑해버린다. 그렇게 사랑에 빠진 무언가는 잘리고 찢기고 너덜너덜해질 때까지 내게서 떨어질 수 없다. 좋아하는 영상물은 보고 또 봐도 질리지 않는다. 오히려 볼수록 새롭고 사랑스러울 뿐이다. 해외 시리즈는 많이 볼수록 언어 공부에도 도움이 될 듯하여 보고 또 보다가 배우나 성우의 대사와 호흡까지 외워버릴 지경이었다. 그리고 책으로 말할 것 같으면 대표적으로『해리 포터』시리즈가 있는데, 너덜너덜해질 때까지 읽다가 실제로 찢어진 책도 몇 권 있었다. 엄마가 나에게 "『해리 포터』읽는 것처럼 공부를 했으면 좋겠다"고 수도 없이 말해보았지만… 슬프게도 공부는 끝까지 덕질의 대상이 될 수 없었다.

이런 덕질 봉인 해제의 가장 큰 단점은 돌이킬 수 없다는 것이었다. 일단 시작하면 멈출 수가 없다. 드라마 〈더 글로리〉 파트2가 방영되고 나서 '첫 화만 보고 자야지'라는 어처구니없는 실수를 저지른 후 밤을 꼴딱 새고서 토익 시험장에 나타나는가 하면, 며칠만 기다리면 무료로 볼 수 있는 웹툰인데도 그새를 못 참고 유료 결제를 했다. 이미 올라와 있는 다음 회차를 안 볼 수 있는 방법은 모른다. 내

머릿속에선 그저 '허억, 여기서 끊다니… 다음 화… 다음
화…'를 좀비처럼 외쳐댈 뿐이었다.

　　물론 그 시간에 잠을 자고서 다음 날 좋은 컨디션으로 다
음 화를 보는 게 훨씬 생산적이라는 건 안다. 이성적으로
는 그렇다. 하지만 나의 이성은 감성 앞에 언제나 무용하
다. 하루 숙면을 취하는 것보다 주인공이 어떻게 이 난관
을 헤쳐나갈지가 훨씬 더 중요했다. 이런 내가 조금 웃기
지만, 그래도 행복하다는 기분은 덕질이 주는 가장 큰 선
물일 것이다. 덕질 봉인 해제란 결국 덕통사고(덕질+교통사
고의 합성어)처럼 강렬하고 갑작스러운 법이다.

주식

삼전과
카카오

———

 2015년, 그러니까 내가 스물세 살이었을 무렵, 그땐 과장
급 이상의 아저씨나 금융권에 있는 사람이 아니라면 주위
의 그 누구도 주식을 하지 않던 시절이었다. 주식하는 젊
은 여자는 약간 특이한 사람이라고 여겨졌고 나는 그 '특
이한 여자'였다.

 당시 나는 어린 나이에 한 소셜커머스의 웹디자이너로
취직해 돈을 벌고 있었다. 3년 차 사원이었지만 급여는 최
저 시급이었다. 한직 중의 한직인 도서디자인팀에 근무하

며 매일 다른 종의 도서 상세 페이지를 디자인하던 어느 날, 운명처럼 한 '언니'를 만나버렸다. 어느 재테크 서적의 띠 배너에 둘러진 언니는 검은 옷을 입고 팔짱을 낀 카리스마 있는 모습으로 나를 쳐다보았고 나는 그대로 홀려버렸다. 그녀는 자칭 타칭 부자 언니라 불리는 한 자산관리사였다. 부자 언니가 우리에게 말하고자 하는 바는 간단했다. 유동자산 15억을 모아 건물주가 되는 것. 그렇다면 그 15억은 어떻게 모을 수 있느냐. 적금과 함께 매년 주식으로 8퍼센트, 경제 위기 구간엔 15퍼센트의 수익률을 내어 자산을 불려가면 되는 것이었다. 나는 내가 디자인한 페이지에 홀라당 넘어가 책을 구매해버렸다. 어쩌면 나는 내 안에서 이미 성공한 디자이너였을지도 모른다. 자기가 기획한 페이지에 자기가 넘어가다니, 이것이야말로 최고의 기획이지 않은가.

원래 내 인생은 얼레벌레 인생이었다. 대학도 부모님이 가라는 대로 가보니 얼레벌레 디자인과에 입학해 있었고, 얼레벌레 디자이너로 취직을 해보니 얼레벌레 서울에 상경해 살고 있었다. 꿈 같은 건 없었고 원하는 걸 문장으로

뱉어보라면 '꿈은 없고요, 그냥 놀고 싶습니다' 정도였다. 그러던 나에게 부자 언니가 빅 드림을 하사하시었다. 그날부터 내 꿈은 갓 오브 빌딩… 건물주였으니까.

부자 언니의 말에 따르면 건물주가 되기 위해선 일단 주식을 해야 했다. 당장 하라는 말은 아니고 소비 습관을 길러놓은 다음 현금 3천만 원이 모이면 그때부터 주식을 시작하는 거다. 그런데 최저 시급 받는 월세살이 일개미가 어찌 현금 3천만 원이 있으랴. 나는 지금 당장 주식을 하고 싶었다. 내 안에서 주식을 하고 싶다는 어떤 거대한 마음이 퐁퐁 솟아나기 시작했는데 3천만 원을 모을 때까지 기다리라는 것은 일종의 형벌에 가까웠다. 그래서 마음속에 간직해둔 3천만 원으로 주식을 시작하기로 마음속 부자 언니와 퉁치기로 했다.

그러나 아쉽게도 그 당시엔 지금처럼 편리하게 모바일로 주식 계좌를 틀 수 있는 시스템이 없었다. 주식 계좌를 열기 위해선 무려 증권사 지점에 직접 방문해야만 했다. 나는 증권사를 방문하며 어떤 쇼를 해야 할지 고심했다. 대학생 정도밖에 안 돼 보이는 어린 여자애가(실제 나이는 남들이 대학에 다니는 시기가 맞았다) 왜 어른들의 세계인 주식을 하려고 하는지 물어올 것이 분명하다고 생각했기 때문이다. 나는 결전의 날을 정하고 회사에 미리 연차를 내 강남에 있는 한 증권사 지점을 방문했다.

"안녕하세요! 저 CMA랑 주식 계좌 만들려고 하는데요. 제가 왜 주식을 하려고 하냐면 저희 아버지가 주식은 살면서 꼭 한번 해봐야 한다고 하셔서요!"

"아…. 아버님이 참 깨어 있는 분이시네요."

나는 책상을 사이에 두고 마주 앉은 하얀 셔츠의 이 남자가 나를 이상하게 보지는 않을까 묻지도 않은 말을 우수수 내뱉었고 주식의 주 자도 모르는 우리 아빠는 자다가 귀를 후볐을 것이다.

"그럼 고객님, 여기, 여기에 서명하시고 여기도 작성해주세요."

내 이름 석자로 된 주식 계좌가 열리는 순간이었다. 나는 설레고 벅찬 마음을 안고 저금 외의 자투리 돈을 어떻게 굴릴지 고민했다. 당시 내 월급은 150만 원 정도였고 저금 50만 원, 보증금 3천만 원짜리 4평 전세방의 관리비 20만 원 정도를 제외한 80만 원이 내 생활비였다. 그리고 나는 재테크, 그중에서도 주식을 하고 싶다는 일념 하나로 생활비를 쪼개고 쪼개 주식을 샀다.

처음엔 주식 하는 마음가짐을 배우기 위해 인터넷을 참고하려 했다. 하지만 인터넷상에 존재하는 개미들 중에서도 자칭 주식 고수들을 보면 말하는 게 다 제각각이었다.

'주식 하는 돈은 없는 돈이다 생각하고 굴리셔야 합니다 (아니, 있는 돈을 어떻게 없는 돈이라고 생각합니까?). 주식은 절대 잃으면 안 된다는 생각으로 시작해야 합니다.'

나는 '있는 돈'과 '없는 돈' 사이에서 갈등했다. 주식이란 이토록 어려운 것이리라.

그때 참고한 서적에서 이거다, 싶은 게 있었다. 『피터 린치의 이기는 투자』라는 책이었는데, '종목 선정에 있어서 본인 스스로 확고하지 않으면 안 된다, 본인이 가장 잘 사용하고 입고 먹는 기업을 고르라'는 것이었다. 그렇게 고심 끝에 고른 두 종목이 바로 모 인기 드라마에서 악역 딸내미가 선물로 사달라던 '삼전'과 '카카오'였다. 액면 분할 하기 전 삼성전자 주식을 1주에 100만 원가량에 매수했다. 카카오는 당시 카카오톡만을 운영하고 있었다. 무료 메신저 앱이라 수익성이 없었으나 전 국민이 사용하는 메신저 앱을 가진 회사이니 만큼 카카오가 새로운 무엇을 시도해도 전 국민에게 홍보가 된다는 큰 메리트가 있다고 생각해 액면 분할 하기 전 1주에 8만 원 하던 카카오도 매수했다. 참고로 삼성전자 주가는 250만 원 정도까지 올랐다가 2018년에 50:1로 액면 분할 후 9만전자까지 바라보는 기염을 토했고, 카카오 주가는 50만 원대까지 올랐다가 2021년에 5:1로 액면 분할 후 17만 원대까지 올랐다. 그러니까 대충 계산해보자면 삼전은 내가 매수했을 때보다 400% 가량, 카카오는 1,000% 가량 오른 셈이나.

그 당시엔 생소하던 미국 주식에도 손을 댔다. 한창 경제 공부에 미쳐 있던 나는 책이나 영상 강의는 물론이고 양복 입은 아저씨들밖에 없는 경제 세미나에도 참석하는가 하면 매일 회사에서 경제 신문을 가져와 스크랩북을 만들기도 했다. 4차 산업혁명의 붐이 일던 시기였기에 거의 모든 강의와 세미나의 주제는 4차 산업혁명이었다. 개중에서 가장 뜨거운 감자는 당시 거의 모든 이들이 미쳐 있던 AR 기술을 이용한 '포켓몬 고'였다. 앞으로는 이런 증강현실(AR)과 가상현실(VR), 인공지능(AI)을 이용한 기술이 차세대 먹거리산업을 이룰 것이며, 이 기술에 가장 필요한 것은 그래픽 카드이고, 이 그래픽 카드를 만드는 회사 중 가장 선진 기업으로 '엔비디아'가 될 것이라는 거였다. 나는 공부에 공부를 거듭하며 최종적으로 엔비디아에 100만 원을 넣었다.

여기까지만 놓고 보면 지금의 나는 굉장한 부자가 되어 있어야 한다. 그래서 지금 어떻게 되었냐면, 기쁨의 눈물을 훔치는 중이다. 이런 글이나마 쓸 수 있는 여력을 남겨주셔서 감사하다는 기쁨…. 주식 매수 후 얼마 지나지 않아 회사를 때려치우고 돈이 궁해진 나는 주식 따위도 때려치우고는 당장 주식을 현금화해 생활비로 홀라당 까먹어버렸기 때문이다. 참고로 그 뒤 몇 년 동안 엔비디아 주가는 미친 듯이 올라 당시 100만 원을 그대로 묻어두었다면 6,700%의 수익률을 내며 6천7백만 원의 현금을 손에 쥐었을 것이다. 심지어 이것은 그 당시 달러 환율 기준이므로 지금의 환율로 계산하면… 대략 8천만 원 정도인 셈이었다. 그리고 이 글을 쓰고 있는 지금, 당장 벽장 뒤로 가서 벽장을 쾅쾅 치며… 절대 그 돈은 빼지 말고 묻어두라고… 생활비 따위… 죽지 않을 만큼만 먹으면 되지 않냐고 외치고 싶은 심정이 되었다.

그로부터 시일이 많이 흘러 지금은 30대가 되었지만 주식을 다시 시도해보진 못했다. 100만 원이든 200만 원이든 일단 넣고 시작해보는 열정과 패기가 사라져버리기도 했고, 그동안 숱하게 여기저기서 돈을 까먹고 다녀서인지 그때 부자언니가 말했던 '소비 습관을 먼저 길러라'라는 말이 무슨 뜻인지 알 것 같았기 때문이다. 그럼에도 불구하고, 여전히 나는 주식으로 돈을 벌어 건물주가 되는 꿈을 꾼다.

'주식 부자 건물주'.
워딩만으로도 멋지지 아니한가.

메이플스토리

폰가꾸시포

———

무언가를 망하게 하는 데엔 두 가지 방법이 있다. 몰라서 망하는 방법과, 중간에 이게 망했다는 것을 알아챘음에도 불구하고 무대뽀 정신으로 밀고 나가서 더더욱 망하게 해버리는 방법.

내가 초등학교 4학년이고 언니가 초등학교 6학년이었을 무렵, 언니에게 처음으로 핸드폰이 생겼다. 지금이야 초등학생들도 스마트폰을 가지고 다닌다지만 그 당시엔 중학교 입학 기념으로 폴더폰 또는 슬라이드폰을 선물 받

는 게 유행이었다. 그렇기에 초등학생이었던 언니가 받을
수 있었던 건 진짜 완전한 핸드폰은 아니고 걸려 오는 전
화는 다 받을 수 있지만 걸 수 있는 번호는 딱 두 개뿐인,
그래서 보통 엄마, 아빠 번호로 저장해두는 비상용 어린
이 핸드폰 같은 거였다. 나는 그게 못내 탐이 났었다. 나에
게도 얼른 핸드폰이 생겼으면. 언니가 빨리 중학교에 올
라가서 그 핸드폰을 내가 물려받았으면. 그렇게 나의 열
망으로부터 지어진 첫 게임 캐릭터 이름이 '폰가꾸시포'였
고, 그 게임이란 바로 '메이플스토리'라는 당시 초딩들에
게 엄청난 붐을 일으켰던 성장형 RPG 게임이었다. 내 닉
네임이 웃겨서였는지 지나가던 사람들마다 "그래서 폰은
가지셨어요?"라고 물어봤는데, 그럴 때마다 나는 내가 만
든 캐릭터가 아닌 척하며 주인이 내가 아니라 잘 모르겠
다고 대답했다.

　폰가꾸시포는 망캐(망한 캐릭터)였다. 마법사인데 전사에
게나 필요한 능력치를 마구 찍어놓고 힘이 세다며 기뻐했
다. 사냥하기에 효율적이지 못해 대대적으로 모든 스킬 트
리에서 빠져 있는 공격 스킬을 마스터 레벨까지 찍어, 지
나가는 사람들마다 "님, 그거 망캐임"을 외치게 만들었다.

나는 나를 망캐라고 부르는 사람들에게 반발심이 생겼다. 내가 얼마나 센데! 자, 봐라! 이렇게 검으로 찌르면 두 방이면 죽는다! … 아까도 말했다시피 폰가꾸시포는 마법사였다. 마법사는 사냥감을 검으로 찌르는 대신 마법을 써야 했다. 그러면 지나가던 사람들마다 말했다.

"님, 그거 망캐임."

하지만 나는 굴하지 않았다. 그 대신 더 열심히 망하는 데 전념했다. 레벨 업을 할 때마다 스킬도 레벨 업을 할 수 있는데 그때마다 망한 공격 스킬을 올리는 데 주력하며 생각했다. 사람들이 틀에 갇혀 진정한 나의 강함을 알아봐 주지 못하는 거라고. 진정 이게 망한 스킬이라면 애초에 왜 만들어졌겠느냐고. 하지만 이 스킬이 얼마나 구렸던지 지금은 정식 패치 후 사라져서 전설의 스킬로 남아버렸다.

일정 레벨의 필수 요소로 여겨지는 파티 퀘스트에서조차 끼워주질 않았다. 그 당시 우리집 컴퓨터는 게임을 돌리기엔 아주 적절치 못한 귀여운 사양을 지니고 있었다. 포털을 이동할 때마다 영겁의 시간이 걸렸기에 빠른 시간 내에 주어진 미션들을 빨리빨리 완료해내야 하는 파티 퀘스트에는 쥐약이었다. 내가 렉이 걸린 채로 허공에서 허우적대고 있는 동안 다른 파티원들이 더 많은 퀘스트를 수행해야 해서 안 그래도 아니꼬운데 기껏 온 애가 망한 스킬이나 쓰고 있으니 속이 뒤집어지는 것이었다. 모든 퀘스트가 끝난 뒤엔 항상 인내심마저 끝장나버린 방장에 의해 파티에서 강퇴를 당했고 방장은 망캐가 아닌 다른 멀쩡한 캐릭터를 찾아 파티에 초대했다. 그래서 내가 선택한 것은 포털 이동을 하지 않아도 되고 다른 캐릭터들과 소통할 필요도 없는 사냥 노가다였다. 그마저도 인기 사냥터는 자리 경쟁이 치열하기 때문에 자주 서버를 옮겨줘야 하는데 우리집 컴퓨터는 잦은 서버 이동을 견뎌내지 못하고 종종 게임을 팅겨내버렸기 때문에 사람도 없고 비효율적인 비인기 사냥터에서 홀로 몬스터를 잡아 성장해야 했다.

하지만 그렇다고 해서 '메이플스토리'에 안 좋은 추억만 있는 것은 아니었다. 나는 당시 'Oo땡전법사oO'라는 랜선 남친을 사귀고 있었다. 땡전법사가 확성기로 나이를 밝히며 여자친구를 모집하는 글을 올렸고, 나는 그의 여자친구 자리에 응모하여 당첨되는 영광을 누렸다. 같은 나이에 같은 마법사라는 점이 그 이유였다. 학교를 마치면 집에 와 땡전이와 함께 사냥을 하는 게 일상이 됐고 우리는 함께 '폰이'라는 고양이까지 데리고 다녔다. 땡전이는 착했고 우리는 제법 잘 맞았다.

그러던 어느 날 땡전이가 자기의 같은 반 친구라며 'ZI 존법사', 일명 지존이를 소개해주었다. 땡전이와 지존이와 나는 셋이 던전으로 사냥을 나갈 때도 있었고 '인내의 숲' 같은 퀘스트를 깰 때도 있었다. 인내의 숲은 말 그대로 인내를 해야지만 깰 수 있는 퀘스트인데 온갖 장애물을 피해 나무를 타고 숲 위로 올라가기만 하면 되었다. 하지만 그 장애물이란 것이 공인인증서 설치와는 쨉도 안 될 정도로 사람을 골때리게 만들었기 때문에 한 달 치 인내심을 다 끌어다 써도 모자랄 수 있으니 주의해야 했다. 우리 셋은 숲을 타고 올라가다 장애물에 걸려 누군가 밑으로 떨어지면 꼴찌가 다 올라올 때까지 기다려주었다. 거의 다 올라온 누군가가 원숭이가 던진 바나나를 맞고 맥없이 떨어질 때면 누가 먼저랄 것도 없이 'ㅋㅋㅋㅋㅋ'를 연발했다. 인내의 숲을 함께 깬 우리는 더더욱 돈독해졌고 나와 땡전이가 게임 내에서 결혼을 하면 지존이가 와서 축하해주겠다고 했다.

　그렇게 우리의 사랑과 우정이 영원할 줄 알았던 어느 날, 던전에서 뿔버섯을 잡고 있는 내게 지존이가 찾아와 느닷없이 욕설을 퍼부었다.

　"야, 이 ×××아."

　"?"

　"니가 땡전이 돈 훔쳤다매."

　"??"

　"와, 모르는 척하지 마라. 땡전이한테 다 들었거든."

　"???"

　지존이의 대사는 처음부터 끝까지 모두 다 이해 불가였다. 게임 속에서 만난 나와 땡전이는 사는 지역이 달랐기에 한 번도 실제로 만난 적이 없었다. 그런데 같이 게임만 하는 사이일 뿐인 내가 어떻게 땡전이의 돈을 '훔쳤단' 말인가?

　"와, 애 잡아떼는 것 봐라? 니가 땡전이한테 불쌍한 척해서 돈 뜯어갔다매. 그거 내가 빌려준 거였거든? 인기도 내리기 전에 당장 내놔라."

　나는 땡전이에게 땡전 한 푼도 빌려간 적이 없었다. 땡전이에게 배신당한 것을 알고 낙심한 나는 지존이의 인기도를 내리고 바로 옆 서버로 튀기를 시전했다. 하지만 나보다 컴퓨터 사양이 좋았던 지존이는 내가 서버를 옮기며 공중에 떠 있는 긴 시간 동안 나를 쫓아와 내 인기도를 내리고 몇 마디의 욕지거리를 내뱉으며 날 기다렸는데, 내가 공중에서 내려올 생각이 없자 "에라이 똥컴"이라는 말을 남기고 사라져버렸다. 허공에서 내려와 이 사실을 안 나는 더더욱 낙심했다. 난 아무것도 보이지 않는 검은 화면일 뿐인데 왜 남들한텐 내가 공중에서 허우적거리고 있는 모습이 죄 보인단 말인가? 이것은 내가 땡전이에게 배신당한 것보다 더 불공평했다.

성장해서 어른이 된 지금도 컴퓨터 사양이 구린 것은 매한가지다. 물론 십수 년이 흐른 고로 그때보다야 훨씬 나은 스펙일 테지만, 한 가지 아쉬운 점은 '메이플스토리'도 똑같이 십수 년 동안 패치를 거듭하며 용량이 배로 업그레이드되었기 때문에 게임이 돌아가는 속도는 그때와 거진 비슷하다는 점이었다. 보스전을 돌 때면 내가 공중에 떠 있는 동안 다른 유저들이 보스 몬스터를 몽땅 해치워버렸기 때문에 내가 정신을 좀 차릴라치면 이미 모든 것이 끝나버리고 마는 상황이 부지기수인 것이다. 그러면 이제 나는 아무런 보상 없이 빈털터리 신세가 되어 빈 사냥터로 돌아가야 했다.

원래 돈을 버는 덕후가 제일 무서운 법이라던데, 나는 돈을 벌고 있음에도 불구하고 아직 덕력이(혹은 월급이) 부족하여 컴퓨터를 '그냥 돌아만 가면 됐지' 상태로 방치해두고 있다. 언젠가 인세로 최고 부자가 되어 최고 사양의 데스크톱과 스마트 모니터를 사보는 게 꿈인데 도대체 언제쯤 최고 부자가 되는지 알 수 없어 참으로 개탄스럽다. "폰 갖고 싶다"고 외치던 초딩 법사는 현재 어른이 되어 폰으로 이 글을 쓰고 있지만 말이다.

글쓰기

쓰고 싶다는 열망이
책으로 나오기까지

학창시절 독서를 딱히 좋아하는 건 아니었는데 어째 시험 기간만 되면 책이 그렇게 재밌을 수가 없었다. 시험공부 안 하고 하루 종일 책만 읽을 수 있다면 참 좋을 텐데…. 책을 많이 읽으면 국어 점수도 높다는데 그런 건 나에게는 해당되지 않았다. 소설을 읽을 때만 해도 팡팡 돌아가던 두뇌는 비문학만 읽기 시작하면 그저 주름진 돌덩이에 불과했다. 제한된 시간 안에 얼마나 빨리 푸느냐가 관건인 시험에선 속독이 가장 중요했지만 나는 한국어로 된 책조차 문장 하나하나를 음미하며 천천히 읽었다. 그렇다 보니 웬만한 언어 시험의 독해 파트에서(그게 한국어 시험이건 영어 시험이건) 언제나 대부분의 시간을 잡아먹었고 심지어는 시간 내에 다 풀지도 못 해 남은 문제들은 답안지에 줄을 세워 찍고 나왔다.

나의 첫 글쓰기는 학교에서 쓴 백일장이었다. 내가 봐도 나름 잘 쓴 것 같아서 '당선되면 어떡하나, 야단났네' 하는 생각으로 냈다가 보기 좋게 떨어졌다. 어디선가 많이 본 듯한, 잔뜩 꾸며낸 문장들이었던 것 같다.

나의 글쓰기는 모두 가면 같은 글들뿐이었다. 일기조차 거짓으로 썼다. 누군가 이 일기를 발견했을 때를 상정하고 쓰는 셋이었나. A에 대해서 쓴다고 치면 A에 대한 내 솔직한 마음보다는 나중에 A가 이 일기를 발견하고 글을 읽었을 때 기분이 나쁘지 않도록 꾸며내 썼다. 일기를 이렇게 쓰기 시작한 건 정말 누군가가 내 일기를 훔쳐볼 수도 있다는 걸 깨닫고 나서부터였다. 학교 책상 서랍 속에 일기를 두고 다녔더니 자리 이동이 잦은 학교 수업 특성상 내 자리를 이용하는 다른 반 친구들이 그걸 꺼내 읽는 상황이 생겼던 것이다. 학교 친구에 대해 쓴 글이 아니었는데 동명이인이었던 친구가 오해를 하기도 하고, 목표 시험 점수 같은 걸 적어났더니 그걸 본 다른 반 애가 "너 공부 잘해?"라고 대뜸 물어보기도 했다(물론 전혀 잘하지 않았다. '목표' 점수였을 뿐). 이러한 상황이 생기고 나서부턴 일기도 모조리 거짓으로 꾸며 썼다. 일기에서조차 가면을 쓰고 착한 척하는 나를 만들어냈다. 그건 마치 좀 더 비밀스러운 SNS에 불과했다.

학교를 졸업하고 사회에 진출하며 돈을 벌기 시작하자 자연스레 책값으로만 한 달에 10만 원이 훌쩍 넘게 들었다. 하필 내가 근무하던 곳이 한 소셜커머스 쇼핑몰의 도서부문 웹디자인팀이었다. 그렇다 보니 평일, 주말 할 것 없이 언제나 책을 접하며 자연스럽게 나도 책을 써보고 싶다는 생각이 들었다. 언젠가 어느 인터뷰에서 "작가님은 글을 쓰고 어쩌다 책을 내야겠다는 결심을 하게 되셨나요?"라는 질문에 그건 사실이 아니라고… 난 책을 내야겠다는 결심을 먼저 했고 책을 내려면 글을 써야 해서 어쩔 수 없이 글을 썼다는 대답을 마치 농지거리인 것마냥 했지만, 그건 농담이 아니라 진짜로… 진짜였다. 그리고 그렇게 책을 쓰고 싶다는 열망만 가진 채 아무것도 하지 않았다.

　그로부터 여러 해가 지나고 직업도 웹디자이너에서 공항 지상직원으로 바뀌고서 1년여 정도가 지났을 무렵 코로나 팬데믹이 터졌다. 여행 산업은 맥을 못 추고 대부분의 직원들이 휴직에 들어갔다. 그렇게 나도 두 달간의 무급 휴직에 들어갔다. 그러자 가용할 수 있는 시간이 기하급수적으로 늘어난 기분이었고, 하루 왼종일 누워 있거나 또는 반만 누워 있거나의 아름다운 상태로 반백수로서의 진취적인 삶을 향유하는 듯하였다. 문제는 코로나는 두 달 정도로 잡히기엔 쨉도 안 되는 대왕보스 급의 녀석이라는 점이었다. 당연한 수순으로 나의 반백수 기간 또한 무기한 연장되었다. 무기한 할 일이 없어진 나는 이 기회에 글을 써볼까 하여 글쓰기와 관련된 책들을 사서 읽었는데 그중 한 책에 '브런치'라는 사이트가 소개되어 있었다. 무려 대기업인 카카오에서 운영하는 글쓰기 플랫폼이라고 했다. 그리고 여기선 작가 신청이란 걸 할 수 있는데, 지금까지 쓴 습작 두세 편과 향후 어떤 글을 쓸 것인지에 대한 계획

서를 제출하면 담당자가 심사를 거쳐 작가로서의 승인을 내려준다고 했다. 작가 승인을 받은 자만이 브런치에 글을 올릴 수 있었고 그렇게 승인을 받은 자를 브런치에선 '작가님'이라 칭했다. 오, 반백수 공항 직원, 이세계에선 브런치 작가님?! 왠지 내 운명을 찾은 듯한 설레는 마음으로 넣은 작가 신청이 승인되자 하루아침에 '작가님'이 된 나는 넘치는 기쁨을 주체할 수 없었다. 브런치에서 작가가 된 내가 글을 써서 올리면 사람들이 좋아요도 눌러주고 재밌다는 댓글도 달아 주었다. 그런 것들이 코로나로 피폐해진 내게 일정량의 고양감을 주었다.

글을 쓰는 것은 꽤나 중독적이었다. 평소에 굉장히 내향적이라 이때까지 남들에게 이런 식의 주목을 받아본 적이 없던 나는 이들이 주는 당근에 매료되었다. 코로나로 인해 마음속에 심한 우울을 키우고 있던 나에게 글쓰기는 마음을 풀 수 있는 유일한 창구였다. 내 일기장을 훔쳐볼지도 모르는 주변 사람들이 아니라 나를 모르는 불특정 다수에게 나를 설명하는 글을 쓴다는 사실이 오히려 더 편안하게 느껴졌다. 그렇기에 더더욱 꾸미지 않고 멋대로 써 재껴

댔는데, 나를 바보처럼 만들고 어딘가 모자란 사람처럼 묘사함으로써 독자들에게 '그래도 얘보단 내가 낫지' 하는 위안을 주고 싶은 이상한 똘끼 같은 게 생겨버렸다.

사실 글을 쓴 지 얼마 안 됐을 때의 나는 약간 오만했음을 고한다. 당시 나는 공항에서 일하며 겪었던 일을 주된 소재로 해서 직업 에세이 형태의 글을 쓰고 있었다. '연예인 A씨, 이 여권으론 탑승하실 수 없습니다', '공황장애가 있으면 비행기를 못 타나요?' 등 사람들의 구미를 당길 만한 제목을 붙이니 카카오 기업답게 포털사이트 다음과 연계해서 내 글을 메인에 걸어주기도 했다. 그렇다 보니 글쓰기 플랫폼스럽지 않게 유튜브만큼의 높은 조회수가 나오기도 했고 사람들의 반응도 좋았다. 다른 이들의 후한 인심에 내가 진짜 글 쓰는 데 탁월한 재능이라도 있는 줄 알았던 나는 당장이라도 내 책을 낼 수 있을 것만 같았다.

하지만 역시 오만함에는 무응답이 답일까. 혹여나 내 인기쟁이(?) 글을 본 어느 출판사에서 연락을 해 올까 싶어 브런치 프로필에 적어둔 이메일함은 감감무소식이었다. 투고를 했던 출판사들에게서도 역시나 답은 없었다. 이쯤 되니 내 글에 대한 의구심이 들기 시작했다. 그동안 내가 너무 희망 월드에 살고 있었던 걸지도 모른다. 내가 쓴 글이 남들에게 객관적으로 어떻게 비치는지 알고 싶었다. 지인들에게 물어보면 하나같이 나를 생각해서 좋은 말들만 해줬기 때문에(당시 나는 공황장애와 불안장애, 우울증을 앓고 있었다는 점을 참고해주기 바란다) 독립출판 소모임이나 글쓰기 소모임에도 여러 번 신청해서 나가봤지만 그곳에 오는 사람들도 기본적으로 남이 쓴 글에 대한 지적보다는 좋은 점만을 말해주었다. 글을 쓰는 사람들은 다들 착해서 남들이 상처받을 것을 걱정하는 평화주의자들밖에 없는 것이 틀림없었다. 그래서 내 글이 진정 괜찮은 글인지에 대한 의구심이 지워지지 않은 채 1년이 넘도록 혼자 글을 썼다.

그러다 메일로 투고를 한 곳 중 B출판사에서 내 글에 관심을 보였다. 내가 쓴 글의 가제는 '나는 공황장애가 있는 공항 직원입니다'로, '공황장애'와 '공항 직원'을 말장난처럼 엮어서 지은 제목이었다. 그런데 당시 내가 쓴 글의 대부분은 '공항 직원'에만 초점이 맞춰져 여느 직업 에세이와 다를 바가 없었다. B출판사의 편집자님은 바로 이 점을 지적했고, '한 공황장애인이 공항 상주 직원으로서 성장해 나가는 인간적인 모습을 보고 싶은데 현재 글은 너무 공항 직원에만 머물러 있으니 공황장애를 겪으며 있었던 일을 네다섯 꼭지 정도 써서 보내주면 내부적으로 검토해보겠 다'는 답변을 주었다. 확답은 아니었지만 긍정적인 반응에 신이 났다. 나름 고심해서 쓴 네 꼭지의 글을 메일로 송부 하며 하루 빨리 답장이 오기를 기다렸다. 혹여나 답장을 놓칠세라 핸드폰을 손에 쥐고 살았고 하루에도 수십 번씩 메일함을 들락날락했다. 일주일 정도를 기다렸을까? 그렇 게 기다렸던 답장 속 대답은 '죄송합니다'였다.

최종적으로는 불발됐지만 현재 내 글의 방향성과 출판인 들이 보는 시각을 알았기에 글을 전반적으로 수정할 필요 가 있을 것 같았다. 그래서 당분간은 투고를 접고 글을 수 정하는 데 전념하기로 했다. 내 글의 장점은 '직업 에세이' 와 '정신질환 에세이'를 동시에 맛볼 수 있다는 점이었다. 당시 출판 시장엔 직업 에세이와 정신질환 에세이는 많았 지만 이 둘을 섞은 에세이는 좀처럼 보기 드물었기 때문에

B출판사의 편집자님 말씀처럼 공황장애를 가진 공항 상주 직원으로서의 애로 사항을 중점적으로 풀어나가면 재밌을 것 같았다. 그래서 8개월여간을 더 쓰고 수정한 끝에 마누스 출판사에 원고를 보낼 수 있었다(마누스 출판사와는 첫 책으로 인연이 닿아 감사하게도 두 번째 책까지 출간하게 되었다).

투고 메일을 보내자 좋은 글이 눈에 많이 띄어 만나서 얘기를 나눠봤으면 좋겠다는 답장이 도착했다.

'만나서'.

이 말을 듣기 위해 지난 2년간 얼마나 부단히 노력했던가. 행여나 마음 바뀔세라 일러주신 번호로 부리나케 문자를 보내 며칠 뒤 신논현역 교보문고 내부에 있는 카페에서 만나기로 했다. 내 인생 첫 출판사 미팅인 셈이었다. 그동안 얼마나 숱한 거절과 시련을 겪었나. 출판사 대표님과 편집장님껜 창피해서 말하지 않았지만 사실 첫 미팅에 나가기 전에 유튜브에서 작가와 출판사의 미팅이 어떤 식으로 이루어지는지 검색해봤다. 작가 브이로그 같은 것들도 열심히 봤던 것 같다. 그러면서 저 사람이 나고, 내가 브이로그를 찍는 작가라면… 등등 상상의 나래를 펼쳤다.

미팅 날이 되어 카페에 갔을 때 출판사 대표님과 편집 장님이 함께 계셨다. 그리고 그때 느꼈던 벅찬 감동은 죽을 때까지 잊을 수 없을 것 같다. 내 첫 책의 에필로그에도 썼지만 내가 투고 때 메일로 보내드린 원고를 전부 인쇄해서 밑줄 치고 인덱스 붙여가며 읽고 와주신 것을 보고 '아, 하늘이 두 쪽 나도 여기랑 계약하겠구나' 하고 생각했다. 얼마 전 사촌들과 수다를 떨며 '최근에 가장 행복했던 순간'을 꼽아보라는 말에 해당 사건을 언급했을 정도이니 말이다.

인생 뭐 얼마 살진 않았지만, 인생을 살며 지금껏 감사한 출판사 두 곳을 꼽아보라면 너무나 당연하게도 첫 번째는 멋쟁이 마누스 출판사이고 두 번째는 위에 언급했던 글의 방향성을 제시해준 B출판사이다. B출판사에게서 답장을 받기 전까지 난 혼자 쓰고 혼자 수정했기 때문에 업계에 몸담고 있는 전문가의 시선이 절실하게 필요했었다. 그렇기에 마누스 출판사와 B출판사에서 나오는 다른 책들도 왠지 모르게 애정 어린 시선으로 바라보게 되는 것 같다.

왠지 더 재밌는 것 같고 말이다.

한번은 마누스 대표님, 편집장님과 함께 식사하는 자리에서 우리가 강남에서 첫 미팅 하던 때를 언급하다 대표님의 "그때가 언제였죠?"라는 말에 나도 모르게 "22년 3월 31일이요" 하고 대답해버렸다. 대표님은 역시 덕후는 다르다며 웃으셨지만, 마누스 출판사의 대표님과 편집장님을 처음 만났던 그날이, 나에게 있어선 캄캄한 어둠 속에서도 포기하지 말고 살라며 신께서 선물해주신 한 줄기 빛 같은 만남이었음을, 이 지면을 통해 고백해본다.

자기계발

언 미라클 모닝

———

한때 열심히 사는 것에 빠져 온갖 자기계발서를 탐닉했던 적이 있었다. 열심히 산다고 누가 상을 주는 것도 아닌데 시간이 아까워 분 단위로 하루를 쪼개서 생활했다. 다이어리나 수첩에 하루 치, 일주일 치, 한달 치, 일년 치 계획을 모조리 세워놓고 그때그때 수정해나갔다. 친구들과 의미 없이 수다를 떠는 게 꼭 죄를 짓는 것처럼 느껴졌고 아무것도 하지 않는 시간은 오히려 나를 더 옥죄게 만들었다.

자기계발서를 보면 이미 알고 있는 똑같은 좋은 말, 똑같은 자기 자랑 등등이 주를 이룬 것 같지만 우린 알고 있다. 그 똑같은 좋은 말을 실천하지 못해 똑같은 자기계발서를 읽고 있다는 것을. 그리고 나는 그 말들이 좋았다. 열심히 사는 데 동기부여가 되기도 하고 새로운 자기계발 실천 법 등을 소개해주기도 했기 때문이다. 자기계발서에는 '1만 시간의 법칙', '그릿' 등 언제 무슨 심리학자가 모 논문에서 발표하여 처음 등장했다던 새로운 개념을 설명하기도 했는데, 그중에 내가 가장 좋아했던 것이 바로 '미라클 모닝'이었다.

　기적의 아침이라는 어마무시한 이름이 붙은 이것은 하루 일과가 시작되기 전 이른 아침에 일어나 나만의 시간을 가지며 자기계발을 하라는 것이었다. 보통 회사가 끝난 뒤 저녁 시간엔 야근을 할 때도 있고 친구들과 약속이 있을 수도 있고 가족들과 시간을 보내야 할 수도 있어 자기만의 시간을 가지기가 쉽지 않으니 모두가 잠든 새벽 시간을 이용해 누구한테도 방해받지 않는 시간을 확보하라는 것이었다.

그동안 창피하여 아무에게도 말한 적 없지만 공무원 시험을 준비하겠다며 설친 적이 있었다. 갑자기 코로나가 터지고 잘 다니던 공항에서 잘리고 난 뒤 어렵게 재취업한 회사에서 2년 단기 계약직으로 근무하던 때의 일이었다. 회사는 나를 보호해주지 않으며 언제든 잘릴 수 있다는 고용 불안에 휩싸여 철밥통이라 불리던 공무원 생활이 매우 고팠더랬다. 시험을 위한 공부에는 언제나 젬병이었던 터라 그동안 공무원의 공 자도 쳐다보지 않았었는데 결정적으로 나의 공무원 시험 준비에 불을 지핀 이가 나타났으니, 6개월 만에 공무원 시험에 합격한 내 사촌이었다. 원래도 머리가 좋긴 했는데 기술직이라 해당 기술 관련 자격이 있어야 해서 다른 직군에 비해 경쟁률이 그다지 높지 않았고, 공무원 인원을 늘리겠다는 정부의 정책이 맞물려 6개월 만에 합격한 것이었다(사실 6개월 만에 합격할 거면 이런저런 이유를 갖다 붙여봤자 어떤 시험을 봤어도 합격했을 것이다). 그 친구가 말하길, 정부가 바뀌면 해당 정책도 끝나니 현 정부일 때 얼른 준비를 해야 하며 특히나 여성에게는 가점 제도가 있어 합격에 훨씬 유리하다는 것이었다. 때마침 주변에 공무원 시험을 준비하는 친구들이 늘고 있을 때여서 솔깃, '옳타구나, 이

길이 내 길이구나' 하는 정녕 말 같지도 않은 똥촉에 휩싸여 공무원 시험 준비를 시작했다.

그렇게 160만 원에 달하는 인터넷 강의 비용을 할부로 끊어놓고 드디어 미라클 모닝을 실천할 때가 되었다며 기뻐했다. 당시 야근이 잦은 회사에 다니는 것도 아니었고 혼자 자취를 하고 있던 터라 방해하는 사람도 없으니 그냥 퇴근하고 와서 남는 시간에 공부해도 됐을 텐데, 하필 출근 전 새벽 시간을 고집했던 이유는 미라클 모닝을 실천하면 마치 내 삶도 미라클하게 바뀔 수 있을 것만 같은 착각 때문이었다. 미라클 모닝은 당시 각종 매스컴에서 대유행하며 신드롬을 일으켰고, 이미 미라클 모닝을 실천하고 있는 사람들의 간증 글이 넘쳐났다.

그렇지만 거기엔 굉장히 결정적인 문제가 하나 있었는데, 그건 바로 내가 아침형 인간이 아니라는 점이었다. 새벽에 기상하니 뿌듯하긴 한데 당최 머리가 돌아가질 않았다. 인터넷 강의를 틀어놓고는 있지만 멍한 상태라 그런지 내 머리와 귀가 노트북에서 나오는 강사님의 말을 죄다 튕겨내고 있었다. 그러고 나서 회사에 가면 자꾸만 감기는 눈과 하품이 비집고 나오는 입을 가리느라 정신이 없었다.

퇴근 후 밤이 되면 일찍 자야 다음 날 또 일찍 일어날 텐데, 내 생체 리듬은 밤에 일찍 자는 것을 거부하며 오히려 정신을 더 말짱하게 만들어버렸다. 그렇게 한두 시쯤 잠이 들면 또 새벽에 일어나 좀비 같은 상태로 강의를 들었다가 또 좀비 같은 상태로 회사에 가는 날들이 반복되었다. 내 생체 리듬은 완벽한 올빼미형에 가까웠는데 미라클 모닝이 유행한다고 그 유행에 편승했다가 오히려 내 하루의 생산성을 깎아 먹은 셈이 된 것이었다.

문제의 미라클 모닝은 한두 달간 지속하다, 못 해 먹겠다며 포기 선언을 했고, 기적적이진 않지만 푹 자고 퉁퉁 부은 눈으로 행복한 아침을 맞이하는 나날들을 보내었다. 공무원 시험 준비는 다시 항공 업계 쪽으로 진로를 정하면서 무산되어버렸는데 내 마음이 뜬 것과는 별개로 인강 할부금은 다달이 갚아나가야 했다. 내 장점은 실행력이 좋다는 것이지만 실행력이 너무 좋은 것도 문제일 수 있으니 여러분들은 어떤 결정을 할 때 꼭… 심사숙고하기를 바란다.

그렇게 나는 미라클 모닝과는 거리가 먼 사람임을 뼈저리게 느끼며 이후로는 혼자서 '미라클 나이트'를 실천 중이다. 서울에서 혼자 자취를 하는 나에겐 퇴근 후 남는 시간에 운동을 하거나 다른 자기계발을 하기에 너무나 안성맞춤이다. 하지만 출근 전엔 죽어도 안 한다. 어느 정도냐면 오후 1시에 출근하는 스케줄이 있어도 '당장 일어나지 않으면 ×되는 시각'이 되기 전까진 침대 밖으로 기어나오지 않는다. 그게 보통은 오전 11시 50분 정도인데… 정말이지 나는 매일매일 '언 미라클 모닝'을 보내고 있는 중이다.

언제쯤 나는 기적적인 아침을 맞이해볼 수 있을까. 꾸준히 노력해볼 거긴 하지만 역시나 꾸준히 안 될 것 같다는 게 함정이다.

귀멸의 칼날

삶은 불꽃처럼,

마음을 불태워라

———

세상에서 제일 어려운 건 '마음'이다. 왜 신은 사람에게 마음을 줘서 이다지도 괴롭히는지 모르겠다. 사실 신이 마음을 만들어낸 건 일종의 벌칙 게임이고 우리는 그로 인해 한평생 태어나 죽을 때까지 마음대로 되지 않는 마음을 지니게 된 것은 아닐까?

마음이 없었다면 나는 우울증이나 불안장애 같은 것들에 시달리지도 않았을 테고 연인에게 차이고 궁상맞게 울지도 않았을 것이며 회사에서 있었던 각종 시련 세트를 집으로 꾸깃꾸깃 담아 오는 일도 없었을 것이다. 그러니까 이것은 일종의 벌인 셈이다. 인간은 살아가며 크고 작은 죄를 짓기 마련인데 작게는 어릴 적 멋모르고 죽였던 개미나 기타 생명체들, 부모님이나 선생님에게 했던 거짓말(다 풀었는데 집에 두고 왔어요), 기타 등등의 이유가 있을 것이다. 그러나 이런 사소한 것들까지 신이 주관하여 벌하기에는 너무나 고될 것이니 마음을 주어 '네 알아서 고통받거라' 하는 것으로 태초의 인간과 흥정을 했을 것이다.

만화 〈귀멸의 칼날〉에는 이런 마음에 관해 나에게 큰 영감을 준 캐릭터가 있다. 극장판 〈귀멸의 칼날 : 무한열차〉편의 사실적 주인공이자(진짜 주인공은 따로 있다) 강함을 인간으로 만들어냈다면 이런 사람일까 싶은 '렌고쿠 쿄쥬로煉獄 杏寿郎'다.

〈귀멸의 칼날〉은 인간을 주식으로 삼는 요괴인 오니(鬼, おに, 〈귀멸의 칼날〉에서 '귀'를 맡고 있다. 정발본에서는 도깨비, 혈귀라고도 한다)에 대항해 싸우는 비공식 조직 귀살대의 이야기를 다루고 있다. 귀살대인 렌고쿠는 무한열차에서 200명이

넘는 승객들을 단 한 명의 사상자도 없이 구해내고서 혼자 목숨을 잃었다. 렌고쿠를 죽음에 이르게 한 오니가 '너같이 강인한 사람이 죽어 없어지는 것은 너무도 안타까운 일'이라며 본인과 같은 오니가 될 것을 회유하지만 렌고쿠는 거절하며 인간으로서 생을 마감했다.

인간은 너무나도 약하다. 오니처럼 신체를 베어도 재생하지 않으며 오니 같은 강함이나 민첩성 등의 신체 능력도 없다. 해가 지날수록 인간은 나이를 먹고 결국은 늙어 죽어버린다. 하지만 렌고쿠는 어릴 적부터 어머니에게 배운 '강한 자가 약한 자를 돕는다'는 신념을 마음속에 새기며 끝까지 싸웠고 결국은 영광스러운 죽음을 맞이하였다. 그리고 죽음을 맞이하기 전, 그는 슬퍼하는 다른 귀살대원들에게 유언처럼 이런 말을 남겼다.

"노쇠하는 것도, 죽는 것도 인간이라는 덧없는 생물의 아름다움이다. 노쇠하기 때문에, 죽기 때문에 그지없이 사랑스럽고 숭고한 것이다. 힘이라는 건 비단 육체에만 사용하는 말이 아니다. 가슴을 활짝 펴고 살아라. 자신의 나약함이나 무능함에 아무리 좌절하고 쓰러져도 마음을 불태워라."

렌고쿠가 본질적으로 강했던 건 바로 '마음'이었다. 궁극적으로 추구했던 건 '강한 마음'이었다. 마음이 강했기에 흔들림 없이 본인의 신념을 지킬 수 있었던 것이다. 그는 자신의 목숨이 소멸하더라도 그것이 다른 이들의 빛이 될 수 있기에 기꺼이 불타는 삶을 선택했다. 렌고쿠는 타오르는 삶이 다른 이들에게도 불씨를 전달한다는 것을 보여주었다. 그리고 그런 렌고쿠의 불씨와 의지를 이어받아 귀살대는 결국 이 모든 참극의 시초인 절대 악을 물리치는 데 성공할 수 있었다.

나는 한 번이라도 이렇게 강한 마음을 가져본 적이 있었던가. 내 마음은 너무도 물러 자주 긁히고 자주 나동그라졌다. 물론 나는 오니를 죽이는 데 마음을 사용하지도, 목숨을 바쳐 다른 사람들을 구하지도 못한다. 오니에게 가족을 몰살당하고, 살아남은 단 한 명의 여동생마저 오니로 변해버린 상황에서 여동생을 인간으로 되돌리기 위해 목숨을 걸고 귀살대에 입대한 주인공처럼 처절한 각오도 없다.

내가 삼켰던 수많은 알약들이 소화되지 않고 배 속에 남아 꿈틀대고 있는 것 같았다. 나는 심장이 너무 빨리 뛰어 그럴 때면 오히려 심장 박동을 느리게 해주는 약을 먹어야 했다. 〈귀멸의 칼날〉에서 귀살대가 각성하기 위해선 심박수가 200을 넘어야 하는 조건이 있는데 그런 관점에서 보자면 나는 귀살대에 적합한 인물일지도. 꾸깃꾸깃해진 마음이라도 잘 펴 말리면 달팽이 오니라도 잡을 수 있지 않을까. 이러한 무너짐도 결국은 더 단단한 마음을 다지기 위한 초석이지 않을까.

무한열차는 멈추지 않는 인생의 시간을 상징한다. 기차는 달려가고, 우리는 그 안에서 주어진 시간을 살아간다. 하지만 이 열차는 단순히 목적지로 향하지만은 않는다. 그곳은 오니의 공격처럼 예측할 수 없는 위기와 시련으로 가득 차 있다. 렌고쿠는 이런 현실 속에서도 결코 두려워하지 않고, 내가 지킬 수 있다면 모든 것을 바치겠다는 자세로 임했다. 우리 모두는 불꽃처럼 언젠가 사라지겠지만 그 과정에서 남긴 빛과 열은 우리의 존재를 기억하게 할 것이다.

"마음을 불태워라."

렌고쿠 쿄쥬로가 무한열차에서 남긴 이 말은 단순한 격려가 아니다. 그것은 삶의 방식, 존재의 방식에 대한 선언이었다. 불꽃처럼 타오르는 그의 마지막 순간은 우리 모두에게 중요한 질문을 던진다.

'나는 내 삶에서 무엇을 위해 불타고 있는가?'

불꽃은 항상 움직인다. 한 순간도 멈추지 않고 자신을 태우며 빛과 열을 발산한다. 렌고쿠의 삶은 그러한 불꽃과 같았다. 그는 자신의 몸과 마음을 불태워 모두를 지키고자 했다. 우리도 마찬가지다. 삶이라는 무대에서 타오르지 않는다면, 결국 잿더미조차 남기지 못하고 어둠만 존재할 뿐이다.

렌고쿠는 자신만을 위해 타오른 것이 아니었다. 그의 불꽃은 가족, 동료, 그리고 아무런 잘못 없이 위협받는 이들을 위해 피어났다. 우리도 스스로에게 질문해야 한다. '나는 무엇을 위해 타오르고 있는가?'

렌고쿠의 검 끝에서 타오르던 불꽃처럼, 나만의 검을 불태울 수 있기를. 힘들고 두렵고 지치고 모든 걸 놓아버리고 싶은 순간이 와도 다시 한번 스스로에게 말을 걸어 힘을 주기를. 다시 한번 살아낼 용기를 주기를….

　나는 무엇을 위해 타오르고 있는가?

외국어

제2외국어
마스터를 향한 길

———

　지금의 교육 과정은 잘 모르겠으나 '라떼는' 초등학교 3
학년 때부터 정식으로 학교에서 영어를 배우기 시작했다.
지방에 살았던 터라 조기 교육이나 사교육도 많이 시키는
분위기는 아니었다. 초등학교에서 4년, 중학교에서 3년,
고등학교에서 3년, 총 10년의 정규 영어 교육 과정을 마쳤
으나 아직도 영어를 잘하지 못한다. 분명 배울 때는 분사
가 어쩌고 해서 이 자리엔 p.p 형태가 들어와야 어쩌고 하
는 게 이해가 되는 듯하였으나 정작 시험을 칠 때면 빈칸
을 보는 즉시 내 머릿속도 비어버렸다.

그렇다면 영어는 되었으니 다른 언어라도 잘해볼까 싶어 고등학생 때 이탈리아어나 스페인어에 눈을 돌렸다. 정확히 말하자면 눈을 돌려볼까 하였으나, 인터넷에서 '이탈리아어나 스페인어는 영어와 어순은 비슷하나 영어보다 훨씬 어려우니 일단 영어나 잘하라'는 글을 보고서 그대로 눈을 내리깔았다. 결국 난 영어도 이탈리아어도 스페인어도 무엇 하나 깨치지 못한 채 고등학교를 졸업하고 말았다.

대학생 때는 다른 취미를 가져볼까 하는 생각조차 사치일 정도로 열심히 살았다. 한 학기에 35학점 이상을 들었고 넘쳐나는 과제에 허덕이다(디자인과 학생이라면 무슨 말인지 알 것이다) 기숙사가 문을 닫는 밤 11시가 되기 직전에 강의실에서 뛰쳐나와 아슬아슬하게 길바닥에서 노숙하는 상황을 모면했다. 주말엔 하루에 여덟 시간씩 아르바이트를 하고 남는 시간엔 과제와 프로그램 공부를 했다. 유일한 취미는 일주일에 한 편씩 나오는 〈무한도전〉을 잠 자기 전에 쪼개서 아껴 보는 것이었다. 흘러가는 시간이 너무 아까웠다. 고등학생 땐 자율학습 시간이 아까워 자율학습을 째고 '메이플스토리'를 했는데 말이다.

그러다 졸업도 하기 전에 바람대로 이른 취업에 성공했고 남는 시간이 많아졌다. 더 이상 과제를 하지 않아도 되었고 주말엔 하루 24시간이 온전히 텅 빈 시간이었다. 그래서 당시 유행이었던 중국어 붐에 편승하기로 했다. 중국어로 딱히 뭔가를 해야겠다는 목표는 없었지만 즐겨 보던 중국 무협 드라마를 더 잘 이해할 수 있을 것 같았다. 초반엔 중국어 학원을 다니긴 했지만 나는 대부분의 시간을 무협 드라마를 보는 데 할애했는데, 내가 가장 좋아하는 중국어 문장은 "황제 폐하를 뵙습니다"와 "물러나거라"였다. 그리고 해당 문장은 실생활엔 아무짝에도 쓸모가 없었다.

그러다 일본 워킹홀리데이를 준비하게 되어 자연스레 중국어에서 일본어로 갈아타게 되었다. 일본어는 어릴 때부터 구몬과 애니메이션으로 단련해왔기에 다른 언어보단 수월한 편이었다. 일본 워킹홀리데이는 일본어 자격증이 있어야 신청할 수 있었고 자격증이 없으면 비자 신청 시 대사관의 인터뷰실로 끌려가 일본어 실력을 확인한다는 소문이 자자했다. 비자 신청 시 필요한 시험은 일본 외무성 산하 독립행정법인 국제교류기금国際交流基金과 공익재단법인 일본국제교육지원협회日本国際教育支援協会에서 주최하는 일본어능력시험日本語能力試験, 일명 JLPT라는 시험인데 정말 극악무도하게도 1년에 시험이 딱 두 번 열렸다. 이번 시험에서 떨어지면 비자 신청도 반년 뒤로 밀리기에 정말 밥 먹고 일본어 공부만 했다. 다행히 한 번에 2급을 따고선 이왕 한 김에 1급까지 도전해보기로 했다. 이미 시험 유형이라든지 어떻게 공부해야 하는지에 대해선 감을 익혔기 때문에 1급은 독학으로도 충분할 것 같았다. 2급 시험에서 청해(듣기) 파트는 중학생 때부터 익혀온 일본 애니메이션의 덕력으로 인해 거의 만점에 가까운 점수가 나왔기에 자신이 있었다. 하지만 갑자기 일본어 실력이 2급에서 1급으로 확 느는 일은 없었다. 2급을 따고서 3개월 정도를 더 공부했으나 첫 1급 도전에서 처참히 패배한 나는 다음 시험을 기약했다. 그리고 일상에 치여 다음 시험은 1년 뒤에나 볼 수 있었는데 운 좋게도 2수 만에 1급을 통과할 수 있었다.

일본어로 딸 수 있는 가장 높은 등급의 자격증을 땄지만 일본어로 대화할 사람 하나 없었다. 언어 교환 앱에서 친구를 만들어볼까 고심했으나 소심하고 내성적인 성격 탓에 바로 포기했다. 조금 외로웠던 나는 돈으로 이 문제를 해결하고자 했다. 그건 바로 전화 일본어였다. 내 돈을 받은 일본 선생님에게선 정해진 시간마다 따박따박 전화가 걸려 왔다. 그녀와 나는 일주일에 두 번, 깊은 대화를 하며 행복한 시간을 보냈… 다면 좋았겠으나 얼마 지나지 않아 포기해버리고 말았다. 얘기는 대부분 선생님이 하고 나는 리액션만 하는 식의 대화가 지속되자 선생님이 돈을 받고 합법적으로 수다를 떨고 있다는 합리적 의심이 머릿속을 떠나지 않았기 때문이었다.

한번은 선생님이 인터넷에서 신기한 것을 봤다며 동물점占에 대한 얘기를 했다. 만춘 상은 생년월일이 언제냐 묻고 인터넷에서 돌린 내 점의 결과를 읊어줬다.

만춘 상은 이런이런 동물과 잘 어울리고 이런 성격이래요. (오, 그렇군요.) 그리고 저는 신기하게도 이 동물이 나왔는데 말이죠! (정말요? 와아!) 이 동물이 이런 특성이 있다는 것을 만춘 상은 알았나요? (아뇨, 전혀요!) 저도 그래요. 그래서 좀 더 조사해봤는데 말이죠. 이 특성은 이런 습성에서 기인됐다고 하네요! (헤에에!) 제가 정말 그렇게 보이나요? 호호. ….

업체의 커리큘럼에 맞는 대화 주제와 PDF 교재가 주 차별로 정해져 있었지만 맨 처음 수업에서 선생님은 해당 주제는 20퍼센트 정도만 사용하고 나머지 80퍼센트는 자유주제로 진행할 거라고 하셨다. 나는 너무 수업 같은 분위기보다는 자유로운 대화를 더 선호했기에 좋다고 대답했는데 이게 실수였던 듯했다. '자유주제는 80퍼센트'라는 말이 무색하게도 선생님은 단 1퍼센트도 커리큘럼상의 주제를 입에 올린 적이 없었다.

물론 선생님은 너무 친절하셨다. 그래서 사정이 생겨 이번 달까지만 해야 할 것 같다고 말씀드리기가 굉장히 죄송스러웠다. 선생님은 무슨 일이냐 물었고 나는 업무상 해외에 출장을 좀 길게 가야 할 것 같다고 했다. 물론 정성스러운 개소리였다. 당시 나는 웹디자이너로 근무 중이었는데 재택으로도 가능한 일을 회사가 해외까지 나가서 하라고 시킬 리가 만무했다.

전화 일본어를 그만둔 후 새로운 길을 모색하다 찾은 것은 '섀도잉'이었다. 드라마나 영화 속 대사를 따라 말하는 것이 섀도잉이고, 여기서 한발 더 나아가 대사를 통째로 외우는 것이 엄청난 도움이 된다고 했다. 대사만 따라 하는 것이 아닌 배우의 대사와 호흡과 억양을 그대로 익혀 완벽히 원어민스러운 말투를 익히는 것이 포인트였다. 하지만 그러기 위해선 마치 '메이플스토리' 인내의 숲 퀘스트를 수행하는 용사 같은 인내심이 필요했다. 이미 본 내용을 보고 또 보고 수백 번을 돌려 봐야 자다가 툭 쳐도 대사가 나오는 지경에 이를 수 있기 때문이었다. 그래서 아무리 봐도 질리지 않을 만큼 내가 좋아하는 콘텐츠를 선택해야 했기에 당시 내가 빠져 있던 애니메이션으로 고르려 하였으나 사람들이 극구 말렸다. 실생활에서 쓰이는 문장이 아니란 것이었다. 야레야레…. 단번에 이해가 되는 대목이었다. 나도 이전에 중국 무협 드라마로 한차례 깨우친 바가 있기 때문이었다. 나도 "물러나거라" 같은 대사는 실생활에서 사용하고 싶지 않았다. 그리하여 당시 재밌게 봤던(실제 사람이 나오는) 일본 법정드라마로 골랐다. 증거 수집에 수단과 방법을 가리지 않는 법조계의 문제아지만 타고난 언변으로 재판에서 한 번도 패소한 적이 없는 무적의 변호사가 주인공인 드라마였다. 아무리 봐도 질리지 않을 만큼 재밌다는 게 장점이었지만 법정에서 다루는 대사들이 외계어처럼 들린다는 게 단점이었다. 갑자기 이세계의 변호사 선생님들이 참으로 대단하게 느껴졌다. 그리고 이 드라마에서 내가 가장 좋아하는 문장은 "이의 있습니다"와 "친애하는 재판장님"이 되었다. 이게 "황제 폐하를 뵙습니다"와 다름이 무엇이란 말인가.

외국어 마스터는 미완성 숙제로 아직도 현재진행형이다. 언젠가 나에게 요정이 나타나 능력을 한 가지 부여해줄 테니 골라보거라, 하는 상황이 생긴다면 영어를 잘하게 해달라고 해야지! 하고 상상해본 적도 있다. 과연 내 앞에 요정이 나타나는 게 빠를까, 아니면 실력으로 영어를 마스터 하는 게 빠를까. 이건 정말 막상막하지만 요정 쪽이 좀 더 빠를 것 같다는 게 내 개인적인 의견이다.

프린세스 메이커

디지털
딸바보

나는 떠돌이 용사다. 어느 날 나는 한 나라를 지나던 도
중 처참한 광경을 목격했다. 워낙 부유한 국가라 왕은 위
세를 중시하고 백성은 부에 만연해 있었다. 그들은 위로
는 하늘을 가볍게 여겨 제사를 지내지 아니하고 아래로는
주색잡기에 여념이 없었다. 이에 하늘이 노하여 마왕을 부
르게 되고, 마왕은 지하왕이 되어 천명을 받아 지상을 멸
하게 된다. 그것은 일방적인 전투였다.

　평화에 익숙해진 도시의 군대는 막강한 마왕군의 힘 앞
에서 무기력하게 쓰러져갔다. 성벽은 파괴되고 도시는 불

길에 휩싸였다. 어느 누가 봐도 성은 곧 함락될 거라 여겨졌다. 나는 도저히 도시의 비참함을 두고 볼 수 없어 홀로 마왕군과의 싸움에 몸을 던졌다. 신월ﬡ月의 밤, 마왕의 진영에 홀로 들어간 나는 악전고투 끝에 결국 마왕을 쓰러뜨렸다. 자신들의 잘못을 뉘우치고 인정하며 앞으로는 심기일전하여 좋은 도시를 만들기로 약속한 왕과 백성들의 간절한 청으로 나는 도시에 머물며 마을 재건에 힘을 보태기로 하였다.

그렇게 몇 해가 흘렀을까…. 별이 아름답게 빛나던 밤, 나는 무언가에 이끌린 듯이 집 밖으로 발걸음을 옮겼다. 그곳에서 누군가 나를 부르는 소리가 들렸다. 하지만 주위를 둘러봐도 사위엔 아무것도 없었다. 청량한 풀내음과 풀벌레 소리만이 공명할 뿐이었다. 그리고 올려다본 하늘에서 나는 답을 얻을 수 있었다. 하나의 유성이 기다란 꼬리를 그리며 천천히 눈 앞의 언덕에 떨어지고 있었다. 급히 언덕으로 달려가보니 그곳에는 커다란 빛의 구슬이 떠 있었다. 그리고 빛 속에는 열 살 무렵의 작은 여자아이가….

하늘에서 방금 전까지 나를 부르던 목소리가 또다시 울려 퍼졌다. 목소리의 주인은 여자아이의 수호신이었다.

이 아이는 태어나서부터 오늘에 이르기까지 성스런 빛 속에서 자라 현세의 때가 묻지 않은 무구한 영혼을 가진 아이이며 오늘부로 이 아이를 나에게 맡기니 아이가 성인이 될 때까지 잘 키워달라는 것이었다. 이유에 대한 설명은 없었다. 천계의 아이를 내려 받아 키우는 것이 신들의 징벌을 무시하고 마왕을 패퇴시킨 것에 대한 벌인지 상인지에 대해서는 끝까지 알 수 없었다. 이것 또한 나의 운명이자 천명이겠지…. 입고 있던 겉옷을 벗어 빛에 싸인 아이를 감싸 안자 빛이 점차 사그라들었다. 내 품에 안겨 곤히 잠든 아이와 함께 집으로 돌아오자 집사 큐브가 눈을 동그랗게 뜨고서 놀란 얼굴을 했다. 외출하시냐는 큐브의 물음에 별다른 대꾸도 없이 집을 나왔던 참이었다. 큐브는 몇 해 전 마왕군과의 싸움에서 포로로 잡혔던 마족 중 하나였다. 원체 성격이 쌀쌀맞지 못해 몰래 포로들을 챙겨주곤 했었는데 그때마다 항상 곰살맞게 굴던 녀석이었다. 그런 녀석이 눈에 밟혀 왕께 주청을 올려 집사로 데려와 큐브라 이름 붙여주었다. 한때 떠돌이 용사였으나 지금은 구국 용사가 되어 이 도시에 정착하게 된 인간인 나와 마족 큐브, 그리고 천계의 아이까지…. 피 한 방울 섞이

지 않았지만 가족이란 연으로 묶인 3인의 이야기가 지금
부터 시작된다….

　　— 이상 '프린세스 메이커2'의 공식 설정에 나의 상상 속 설정과 사족을
(너무) 양껏 (거의 대부분) 붙여 씀. —

　'프린세스 메이커'는 일본의 가이낙스라는 게임 회사에
서 만든 육성 게임이다. 원래는 남자아이들을 겨냥해서
나온 미소녀 게임이라 '나'가 아버지로 설정되어 있지만
내 생각엔 아버지보단 어머니 쪽에서 열풍이 더 거셌던
듯하다. 일단 나만 봐도 프린세스 메이커 시리즈 중 5편
을 제외한 1~4편을 플레이해보았으며 그중 특히나 2편은
미리가 커서도 열심히 했다. 1편과 2편은 무료판을 다운
받았고 3편부터는 본격적으로 게임이 발매되는 시기에
맞춰 CD를 구매해서 플레이했다.

　'나'는 나라를 구한 구국 영웅이긴 하나 대우가 형편없었
는지 봉급을 정말 쥐꼬리만큼 받았다. 그 돈으로 나와 집
사와 딸아이 셋의 입에 풀칠하기란 여간 힘든 일이 아니었
다. 특히나 딸아이는 교육도 받아야 하고 무사 수행도 보

내야 하고 여차저차 해서 왕자와 결혼까지 시켜야 했다. 그래서 열 살 먹은 딸아이를 아르바이트랍시고 농장에서도 굴리고 식당에서도 굴렸다. 이것이야말로 아동 학대가 아닌가 싶었지만 점주들도, 집사 큐브도, 수호신도 그것을 당연스레 여겼다.

자유 시간엔 용돈을 주지 않았지만 그 돈을 모아 한 번씩 산이나 바다로 바캉스를 갔다. 바다 수영을 하거나 들판에 누워 책을 읽는 딸아이의 모습이 앨범에 차곡차곡 쌓이는 게 그렇게 뿌듯할 수가 없었다. 딸이 수확제에 나가 받아 온 부상들은 돈이 없어 죄 내다 팔았다. 하지만 수확제에 나간 딸아이가 혹시나 라이벌과의 경쟁에서 패배해 속상해하지는 않을까 검이나 장신구, 드레스만큼은 최대한 좋은 것으로 사줬다. 돈이 없어서 딸의 생일 선물을 사주지 못해도 딸은 항상 "와아, 최고의 생일이에요. 고마워요, 아버지" 같은 말을 해주었다.

딸은 이렇게 애지중지 키워 놓으면 열여덟 살이 되는 해에 내 손을 떠나 결혼을 하거나 독립을 해버렸다. 열여덟 살이 넘어가면 더 이상 해줄 수 있는 게 없었다. 아직 나에겐 빛과 함께 언덕에 떨어졌던 열 살배기 꼬마아이의 모습

그대로인데 "아버지, 그동안 키워주셔서 고마웠어요"라는 말을 남기고 떠나가는 딸아이가 야속했다. 딸은 꽤나 까다로워서 어렸을 때 아르바이트를 잘 안 시키면 엔딩 때 "다른 집 애들처럼 돈을 벌러 다녀보고 싶었다"고 하고, 교육을 잘 안 시켜주면 "다른 애들처럼 배움을 많이 쌓지 못해 아쉽다"는 소리를 늘어놓았다. 도덕성이 좀 낮고 업보가 높으면 수호신한테 "애가 저 지경이 되도록 당신은 뭐했냐, 하지만 이것조차 이 아이의 운명이겠지…" 같은 말 같잖은 소리나 들었다. 내 의지대로 키우면 딸이 광대나 사기꾼이 되는 이상한 엔딩을 맞이했고 그럴 때마다 항상 수호신에게 뭇매를 맞았다. 인터넷에 나도는 육성법을 그대로 복붙하다시피 플레이하면 프린세스가 될 순 있었지만 내가 키운 건지 인터넷이 키운 건지 딸아이에게 깊은 유대감이 들지 않았다. 하지만 모름지기 한 나라의 프린세스가 되려면 엄격한 훈육이 필요한 법.

물론 인간 왕자와의 결혼이 게임에서 의도한 베스트 엔딩이겠지만 나는 드래곤과의 결혼 엔딩을 가장 좋아했다. 따지고 보면 드래곤족 수장 아들과의 결혼인 셈이니 이것도 프린세스라면 프린세스였다. 게임 속 인간 왕자는 너무나 수동적이고 매가리 없어 보였지만 드래곤의 아이는 매사에 적극적이고 진취적이었다. 당돌한 연하의 매력이랄까…. 그러니까 내가 사귀고 싶은 사람이 아니라 딸이 결혼할 남자를 잘 엮어줘야 하는 건데 몰염치한 용사 아버지는 딸에게 예의범절을 가르치고 성으로 신분을 숨긴 청년(왕자)을 보러 가도록 하는 게 아니라 허구한 날 무술을 가르치고 무사 수행을 나가 드래곤이랑 썸을 타게 했다. 그러다 아차 싶은 순간 한 번씩 왕자를 보러 다니며 수호신이 웬일로 입이 마르게 칭찬해주는 엔딩을 맞이하곤 하였다.

딸아, 난 너를 프린세스로 키워줬지만 정작 이 아빠는 이번 생에 결혼을 할 수나 있을는지 모르겠구나. 니가 양심이 있다면 너만 행복하지 말고 온 인맥을 다 동원해서라도 나를 구원해줘야 하지 않겠니.

덕질을

방해하는 순간들

―――――

  나는 진실로 덕질하기 위해 태어난 사람마냥 좋아하는
것엔 무한 집중력과 동력을 낼 수 있지만 그것들을 온전히
즐길 수만은 없는 순간들이 있다. 그중 하나는 영화나 드
라마에 내 직업군이 나올 때였다. 드라마를 드라마로 보
지 못하고 등장인물들의 행위에 자꾸만 딴지를 걸게 되는
것이었다.

  한때 인기가 엄청났던 넷플릭스의 〈더 글로리〉라는 드
라마에 푹 빠진 적이 있었다. 파트1이 나오고 3개월 정도

텀을 두고서 파트2가 나왔는데 하필 파트2가 공개된 다다음 날이 토익 시험을 보는 날이었다. 지금 틀면 시험은 망하는 것과 진배없었기에 자꾸만 컴퓨터로 가려는 손목을 책 위로 붙들어놓아야 했다. 나의 이런 노력을 아는지 모르는지 친구들은 카톡방에서 드라마 얘기에 열을 올렸다. 으아아아악. 보고 싶지 않다. 듣고 싶지 않다. 정말 보고 싶지 않은데⋯ 그래서 송혜교랑 이도현이 뭘 어쨌다고? 손은 문제를 풀고 있지만 정작 빈칸 안에 들어갈 단어가 아니라 카톡방에 두고 온 혜교 언니만 생각이 났다. 남은 이틀 동안 공부에 집중이 하나도 되지 않은 것은 당연한 수순이었다. 그럼에도 불구하고 난 이틀 동안 정말 잘 참았다. 분명 그랬어야 했는데⋯ 시험 전날 밤, 자기 전 누워서 휴대폰을 보다가 '잘 참았으니까 한 편만 보는 건 괜찮겠지?'라는 생각을 해버리고 만 것이다. 그리고⋯ 새벽은 이성적 판단이 개차반이 되는 마법의 시간이라는 걸 간과한 나는 그 길로 드라마를 틀어버렸다. 딱 한 편만 보고 자려던 생각은 1화를 다 본 시점에 2화까지만 보고 자야지가 되었고 2화를 다 본 시점에선 3화까지만 보고 자야지로 변질되었다. 그 당시 나는 취업 준비 중이었고 토익 시험을 보려는 이유는 무려 4년 만에 신규 채용 공고가 뜬 회사의 서류 접수를 위해 토익 점수가 필요해서였다. 이 회사는 내가 4년 전은 물론이요, 5년 전에도 지원했을 만큼 가고 싶어 했던 회사였기에 둘도 없을 중요한 시기의 중요한 시험이었다. 그리고 난 그 중요한 시기의 중요한 시험장에 드라마를 끝까지 다 보느라 꼴딱 밤을 새고서 들어갔다. 점수는 서류를 접수하기에 꽤나 창피한 수준으로 나왔으나 천지신명님이 보우하사 토익이나 토익 스피킹, 오픽 점수 세 가지 중 하나만 있어도 서류 접수가 가능하도록 바뀌어 있었다. 지난 해에 운 좋게도 실력보다 훨씬 잘 나온 토익 스피킹 점수가 있었기에 스피킹 점수만 내고서 면접장에서 왜 토익은 점수가 없냐는 질문에 "공고가 뜨고 급하게 시험을 준비하느라 현재 점수 발표를 기다리는 중입니다"라는 개뻥을 치고 합격해 현재 그 회사에 다니고 있다(다들 내 안위를 생각한다면 비밀로 해주길 바란다. 그리고 사실 이런 거짓말엔 도가 튼 면접관들이 '훗, 귀엽군' 하며 넘어가주셨을 수도 있다).

그렇게 토익 시험을 대차게 말아먹고서 친언니에게 카톡을 했다. 드라마에서 주인공 문동은(송혜교)이 복수를 위해 가지게 된 직업이 초등학교 선생님이었고 친언니가 초등학교 선생님으로 근무하고 있었기에 언니의 드라마 감상평이 궁금했기 때문이다.

— 자매님, 〈더 글로리〉 봤어? 자매님 직업이 핫하게 나오던데.
— 봤어, 봤어. 그 드라마 말이 안 돼. 1학년이 그렇게 얌전히 앉아서 선생님이 하는 말을 듣고 있는다고?

언니가 의문을 가진 장면은 이렇다. 학교 폭력 가해자 박연진의 딸 예솔이의 담임을 맡게 된 문동은이 처음 예솔이의 반 아이들에게 본인을 소개하는 장면이었다. 동은이 "새로 담임을 맡게 된 문동은 선생님이야" 하면 아이들이 자리에 앉아 열렬히 손뼉을 치며 새로운 선생님을 환영했다. "앞으로 이 교실에서 다음 세 가지는 아무 힘도 없을 거야. 부모의 재력, 부모의 직업, 부모의 인맥." 동은이 말을 이어 하는 와중에도 아이들은 침묵을 지키며 경청하고 있었다.

나는 이 장면을 보고 '좋은 선생님이다'라고 생각했다. 동은은 어릴적 트라우마로 인해 인생이 망가지고 감정이 결여되어 복수만을 위해 살아가고 있었지만 자신이 가르치는 학급에서만큼은 자신이 당했던 학교 폭력을 되풀이하지 않기 위해 노력하고 있었던 것이다. 어릴 적 동은이가 생각나며 찡하고 안쓰럽게 다가왔다. 그런데 똑같은 장면을 보고서 현직에 있는 친언니는 '저건 말이 안 돼'라고 생각했다는 것이다. 위 장면에 의구심을 가진 친언니가 재구성한 현실 반영 버전 스토리는 아래와 같다.

선생님이 없는 교실은 아이들의 무법천지다. 여기저기 뛰어다니고 소란스럽다. 그때 교실 앞문을 열고 누군가 등장한다. 아이들이 처음 보는 여자다.

"자, 앉자. 얘들아."

안 그래도 시끄럽던 교실이 웅성웅성 더더욱 소란스러워졌다.

"누구세요?"

"우리 선생님 어디 갔어요?"

"아줌마 누구예요?"

"난 오늘부터 새로 담임을 맡게 된 문동은 선생님이야. 앞으로 이 교실에서 세 가지는 용납되지 않을 거야."

"용납이 뭐예요?"

"첫째, 부모의 재력."

"재력이 뭐예요?"

"…."

이것이야말로 웃기고 슬픈 현실이 아닐 수 없었다. 나도 웬만한 드라마나 영화는 흐린 눈을 하고 잘 보는 편이지만 한 가지 예외가 있다면 바로 항공 업계에 관해서다. 공항에서 근무한 이력이 있고 현재도 항공 업계에서 일하고 있기에 비행기와 관련된 것만 나오면 가자미 눈을 뜨고서 지켜보게 된다.

넷플릭스 드라마 중 세계적으로 대히트를 쳤던 〈오징어 게임 시즌1〉의 마지막 화에서, 주인공 기훈은 비행기에 탑승했으나 어딘가로부터 전화를 받고 그대로 비장하게 내리기 시작했다. 오…. 이것은 수많은 것을 함축하고 있었다. 나는 드라마 내용에 집중하지 못하고 기훈의 자발적 하기로 인해 수행해야 하는 업무들에 대해 생각했다. 일단 해당 비행기는 지연됐을 것이다. 항공 보안을 위해 기내에 탑승했다 하기하는 손님이 있을 시 보안 점검을 재실시해야 하며 그를 위해선 기내에 탑승했던 손님들이 기훈과 함께 하기했다 재탑승해야 했다. 기훈이 부쳤던 짐을 화물 칸에서 일일이 대조해 찾아 빼고 다시 벨트로 보내는 작업, 기훈이 탑승하지 않아 재처리해야 하는 기내 탑재 서류, 기훈을 보호 구역에서 일반 구역으로 되돌려 보낼 직원 배치, 자발적 하기 서류 준비, 출입국관리당국에 재전송해야 하는 사전승객정보시스템, 수많은 시련과(지연되면 당신이 책임 질 거야?) 고통과(당장 보상 내놓으라고) 폭풍우를 (고객님, 진정하세요) 후두려 맞을 드라마 속 ○○항공 직원들의 무운을 빌었다.

그리고 최근엔 또 다른 드라마에서 흘러나오던 장면을 굉장히 감명 깊게 보았다. 그러니까 아래와 같은 대사들 말이다.

"우리 고모, 아니, ○○호텔 사장님께서 까먹으셨나 보다. 호텔 지분 40%는 ○○그룹, 25%가 아빠 거, 고모가 17%, 그리고 내가… 18%네."

"너 진짜 이럴래?"

"나 ○○그룹 □□□회장의 유일한 외동딸이고 유일한 후계자예요."

그리고 이런 장면들을 보며 '저건 말이 안 돼'라고 생각하는 날이 있어봤으면 좋겠다. 이미 글러먹었지만 말이다.

실제로 우리 고모와 나의 대화는 이렇다. 고모네 집 비밀번호를 치고 "막내딸 등장!" 하며 현관문을 열고 들어가면 고모가 "만춘이 왔어? 밥 먹어!" 하신다. "저 밥 먹고 와서 배부른데요, 고모" 하면 "만춘이 좋아하는 옥수수도 쪄놨는데?"로 응수하신다. "옥수수요? 스으으읍…. 아, 어쩔 수 없지!" 하면 그럴 줄 알았다는 듯 냄비 뚜껑을 열어 김이 모락모락 나는 옥수수를 여러 개 꺼내주신다. 사실 나는 고모랑 호텔 지분으로 싸우는 것보다는 옥수수로 싸우는 게 더 좋은 것 같다.

상상 속

내 것으로 만들고 싶은 힘

가끔 영화나 드라마, 애니메이션 같은 콘텐츠를 보다 보면 등장인물들의 능력이 부러워지는 순간이 있다. 대체적으로 내가 부러워하는 건 실생활에서 매우 쓸모 있는 역할을 해줄 것 같은 능력이다. 예를 들면 게임 '메이플스토리'의 헤이스트(이동 속도 향상 스킬), 『해리 포터』의 순간이동 마법 같은 것들이다. 물론 순간이동 마법을 현대적으로 합법화하려면 몇 가지 제한 사항이 필요할 것이다. 일단 첫번째로 국가 간의 이동. 만약 출입국 절차를 밟지 않고 냅다 해외로 이동해버린다면 소위 밀입국인 셈이나 다름없으니 세계의 모든 질서와 치안이 엉망이 될 것이 분명하므로 국가 간의 이동은 제한해야 옳을 것이다. 그리고 순간이동 마법으로 국가 간 이동이 자유로워진다면 내가 몸담고 있는 항공사는 쫄딱 망해버릴 것이기 때문에 절대로 있어서는 안 될 일이다.

두 번째로는 좀 더 범위를 좁혀서 가정이나 사업장으로의 이동. 이건 원작 내에서도 도의적으로 지키고 있는 설정으로, 등장인물 알버스 덤블도어의 말에 의하면 '남의 집 안으로 곧바로 순간이동을 하는 건 현관문을 발로 차서 여는 것만큼이나 무례한 행동'이라고 한다. 혹여나 머글인 내가 쓴 이 책을 읽고 뜨끔한 마법사가 있다면 아직까지 우리 현대사회는 '문'이라는 상징적 장치가 있으니 어딘가를 들어오고 나갈 때는 문을 이용하도록 하자.

그리고 나를 무한 고민의 굴레에 빠져들게 만들 것 같은 능력은 '몰라도 되는 것을 알 수 있게 해주는 능력'이다. 예를 들면 『해리 포터』의 '늘어나는 귀'나 일본 만화 〈스파이 패밀리〉의 등장인물 아냐가 가진 남의 속마음을 알 수 있는 능력 등등. 늘어나는 귀는 극 중 위즐리 쌍둥이 형제가 개발한 발명품으로, 귀 모양 장난감을 길게 늘여 먼 곳의 소리를, 특히 멀리서 소곤거리는 소리를 엿들을 때 굉장히 유용한 물건이다. 또 상대방의 속마음을 읽을 수 있는 야나의 능력은 상대방이 나를 어떻게 생각하고 있는지, 혹은 거짓말을 하고 있는지 등을 파악할 수 있게 해주지만, 굳이 몰라도 되는 전 세계인의 오픈된 판도라의 상자를 마구 헤집고 다니는 꼴이라 생각하면 왠지 꺼려지게 된다. 아직 세계가 아름다울 수 있는 이유는 적당한 거짓이 버무려져 있기 때문이다. '진실을 모르는 상태로 행복하기 VS 진실을 알고 불행하기'의 밸런스 게임이라면 나는 망설이지 않고 전자를 택하겠다.

치유 능력 또한 탐나는 능력 중 하나이다. 일본 만화 〈헌터x헌터〉에는 부탁이 무엇이든 들어주는 존재인 '나니카(무언가)'가 나온다. 〈알라딘〉의 원하는 것은 뭐든지 들어주는 요정 지니처럼 일견 유쾌하고 개구지게 느껴질 수도 있지만 만화 속 설정은 약간 섬뜩하다. 나니카는 '오네가이(부탁)'를 들어주고 나면 항상 그에 상응하는 조건의 '오네다리(조르기)'를 하는데, 나니카의 조르기를 들어주지 못하면 나니카가 목숨을 앗아가며 설정을 리셋한다. 예를 들면 '슈퍼 컴퓨터 한 대를 달라'는 부탁에 상응하는 조르기는 '손톱을 달라'는 것이었고, '나를 억만장자로 만들어달라'는 부탁에 상응하는 조르기는 '간, 십이지장, 척추를 달라'는 것이었다. 만약 여기서 나니카의 부탁을 들어주지 못하고 네 번 거절을 하면 나니카가 목숨을 앗아간다. 하지만 이런 나니카의 등가 교환의 법칙에도 예외는 있었는데 바로 누군가를 치유해달라는 악의가 없는 순수한 부탁에는 조르기가 따르지 않는다는 점이었다. 치유의 능력은 모든 초능력 중에서도 가장 따뜻하고 위로를 주는 힘일 것이다. 우리도 치유의 힘을 갖는다면, 실패하고 넘어질 때마다 언제고 다시 시작할 용기를 얻을 수 있을 것이다.

주인공들의 능력은 우리에게 단순한 부러움의 대상이 아니다. 그것은 우리가 현실에서 부족하다고 느끼는 부분, 더 강하게 열망하는 가치를 반영한다. 순간이동은 시간과 공간의 제약에서 벗어나고 싶은 인간의 욕망을 상징한다. 우리는 일상의 반복적인 이동, 제한된 시간 속에서 삶을 살아가며 때로는 그런 속박에서 자유로워지고 싶어 하니까. 마음 읽기는 타인의 감정을 이해하고 싶은 열망과 관계의 깊이를, 치유는 인간의 연약함과 그 속에서 다시 일어서고자 하는 본능과 희망을 뜻한다. 물론 현실에서 이런 능력을 갖는 건 불가능하다. 하지만 그 능력을 상상하고 탐내는 것만으로도 우리는 그 속에 담긴 메시지를 배운다. 그리고 그것은 우리가 현실에서도 더 나은 자신이 되고자 노력하게 만드는 작은 동력이 된다.

　결국 우리가 정말로 훔치고 싶은 건 그 능력에 담긴 철학이 아닐까?

Part 2.
삶이 힘들 땐 좋아하는 것 한 스푼

엉엉 우는 와중에도 배는 고팠기에 나는 다시 마라탕 집으로 향했다.

취향은 열린 문

―――――

우리는 하루에도 수많은 선택을 한다. 커피를 마실까, 차를 마실까? 출근길에 어떤 음악을 들을까? 집에 돌아가서는 어떤 드라마를 볼까? 이 선택의 순간들은 단순한 선호를 넘어서 취향이라는 이름으로 연결된다. 취향은 단순히 '좋아한다'는 감정의 표현을 넘어 나의 삶과 성격, 그리고 가치관을 보여주는 가장 고유한 언어다. 내가 무엇을 좋아하느냐는 결국 내가 어떤 사람인지를 말해준다.

취향은 삶에서 무의식적으로 선택한 작은 것들의 총합

이라고도 볼 수 있다. 예를 들어 누군가는 느린 재즈 선율을 좋아하고 또 다른 누군가는 심장이 두근거리는 록 음악에 끌린다. 어떤 이는 미니멀리즘을 좋아해 심플한 방을 꾸미고 또 다른 이는 화려한 색감과 패턴으로 가득한 공간에 머무르길 원한다. 이 모든 선택은 결국 나를 구성하는 조각들이다. 나는 어떤 향기를 좋아하는지, 어떤 글을 읽을 때 감동하는지, 어떤 순간에 미소 짓는지… 이러한 조각들이 모여 나만의 색깔을 만들어낸다.

또한 취향은 사람마다 다르다. 누군가에게는 최고로 여겨지는 것이 또 다른 이에게는 별다른 감흥을 주지 않을 수 있다. 한번은 소개팅 자리에서, 요즘 즐겨 듣는 음악이 뭐냐는 질문에 나는 J-POP이라 답했고 그는 헤비메탈이라 답했다. 나는 내 한평생 자의로 헤비메탈의 히읗 자도 들어본 적이 없었다. 그냥 메탈도 빡센데 거기에 헤비 Heavy가 붙었다? 나랑 담 쌓자는 이야기였다. 무엇보다 그는 하이킹을 좋아한다고 했다. 나로 말할 것 같으면 몇 년 전에 친구들과 관악산에 갔다가 방전 직전의 상태로 집에 돌아온 후로 다시는 산이란 산은 쳐다도 보지 않게 되었다. 운동은 좋아하지만 등산은 운동에 더해 고난과 역경을 견뎌낼 수 있는 힘과 인내심이란 추가 능력치가 필수불가결한 고로 내 기준 단순 운동으로 치지 않게 되었다. 얼른 이 하이킹으로부터 벗어나고 싶어 황급히 대화 주제를 열이면 아홉에게 통한다는 여행으로 돌렸다. 그는 열정적이게도 여행도 너무나 좋아한다고 말하며 몇 달 전 가족들과 함께 영국으로 여행을 갔다가 하이킹을 하며 찍은 사진을 보여주었다. 그는 휴대폰 갤러리의 모든 앨범을 구경시켜주었는데 미쳐버리게도 앨범 분류 기준이 '산'이었다. 여기는 몇 년도에 갔던 무슨무슨 산인데 이 날은 비가 와서 어쨌고, 여기는 언제 언제 갔던 어디의 무슨 산인데 맑을 때 이 구도에서 이렇게 사진을 찍으면 예쁘고 등등…. 그의 가족들이 다같이(이름도 기억나지 않는) 영국의 무슨 산에서 활짝 웃고 찍은 사진에 슬쩍 내 모습을 투영해보았으나… 하이킹 패밀리 사이에 나 혼자 죽상인 채로 헥헥대고 있는 모습이 그려져 고개를 절레절레 내저었다(물론 떡 줄 사람은 생각도 안 했겠지만).

취향의 다름은 잘못이 아니라 개성의 표현이다. 취향은 각자의 고유성을 드러내는 동시에 서로의 다름을 존중하고 이해하게 만든다. 취향을 존중한다는 것은 타인을 있는 그대로 받아들인다는 의미이기도 하다. 물론… 소개팅 상대의 취향을 받아들이기에는 내 산—허들이 태산만큼 높았지만 말이다.

스타벅스

세이렌에 홀려버린
선원

세이렌Siren은 그리스 로마 신화에 나오는 반인반수의 괴물이다. 몸통 윗부분은 사람의 형체를 하고 아랫부분은 새라는 말도 있고 인어라는 말도 있다. 세이렌은 지중해 위의 한 섬에서 아름다운 목소리로 노래하며, 지나가는 배의 선원들을 죄다 유혹해 바다에 빠뜨리고 잡아먹었다고 한다. 스타벅스의 창업주들이 스타벅스를 만들 때 세이렌처럼 사람들을 유혹해 커피를 마시게 하겠다는 의미로 로고에 세이렌을 넣었다던데, 정말 그런 의미가 맞다면 그들은 엄청나게 성공한 거였다. 그들이 지금 어디에서 뭘 하는지, 어떻게 생겼는지는 모르겠지만 한국의 한 선원이 그들이 만든 바닷속에서 매일같이 돈을 쓰며 허우적대고 있으니 말이다.

집 외에 가장 사랑하는 공간을 하나 꼽아보라면 나는 주저 없이 스타벅스를 고를 것이다. 친구들과 수다를 떨 때도 가고, 공부를 할 때도 가고, 글을 쓸 때도 가고, 심지어 지금 이 글을 쓰는 와중에도 스타벅스에 있기 때문이다. 평소에 책을 읽거나 글을 쓰거나 공부를 하는 등 앉아서 하는 일을 좋아하는 나에겐 그런 행위들을 실행할 만한 장소가 필요했다. 그러기엔 집은 장애물이 너무 많고(특히 침대), 독서실은 너무 조용해서 답답하고, 카페 정도의 일상 소음이 딱 안정감을 주었다. 그런데 또 너무 좁고 시끄러우면 안 된다. 적당히 소란스럽고 적당히 카공족(카페에서 공부하는 사람들)이 있어주어야 했다. 또 커피가 너무 맛이 없으면 그것도 좀 곤란했다. 집 바로 앞에 통유리로 매장이 탁 트여 있어 답답하지 않고 인테리어도 예쁘고 사람이 너무 많지도 적지도 않아 무언가에 집중하는 데 방해가 되지도 않을 뿐더러, 내가 가는 시간대엔 아르바이트생들만 있어 주인의 눈치를 볼 필요도 없는, 아주 완벽하기 그지없는 한 카페의 크나큰 딱 한 가지 단점은… 커피가 미친 듯이 맛없다는 거였다. 그 사실은 미친 듯이 나를 슬프게 했다. 커피 한 잔을 시켜두고 자리를 정리할 때쯤이면 양이 하나도 줄지 않은 커피를 그대로 반납하며 카페인으로 인해 속이 쓰린 대신 돈이 아까워 속이 쓰라렸다.

그런데 스타벅스는 위의 모든 조건들을 충족할뿐더러 커피도 맛있었다. 내가 매번 기본으로 시키는 음료는 아이스 바닐라 라테였는데 그날그날 상황에 따라 시럽 당도를 조절할 수도 있고 카페인이 부담스러운 날엔 디카페인으로 주문할 수도 있었다. 그리고 무엇보다 하루 웬종일 죽치고 앉아 있어도 눈치가 보이지 않았다. 스타벅스 근무자들의 정식 명칭조차 파트너였다. 세이렌의 파트너들은 우리가 몇 시간을 그곳에 앉아서 뭘 하든지 일절 신경쓰지 않았다(고 생각한다). 그저 친절하게 음료를 내어주고 그들이 바다에서 육지로 되돌아갈 시간, 마감 시간만 지켜준다면 내가 그곳에서 고성방가를 부리지 않는 한 다가와 말을 거는 일도 없었다. 워낙 매장에 사람이 많으니 파트너들이 바쁜 것도 한몫할 것이었다. 나는 그들의 따뜻한 무시 속에서 언제나 안정감을 느꼈다.

　나는 스타벅스를 사랑한 나머지 스타벅스 주식을 조금이라도 갖고 싶어졌는데, 이것은 매일같이 스타벅스를 소비하며 얻는 죄책감을 조금이라도 덜어보고자 하는 발악이었다. 당시엔 한국 기업이 한국 스타벅스 전체를 인수하기 전이라 절반의 지분만 모 유통회사가 갖고 있었고, 해당 ×마트의 주식을 샀다가 개같이 멸망한 후론 쳐다도 보지 않게 되었다. 당시엔 코로나 시절이라 모두들 마켓컬리 같은 비대면 마트를 이용했기에 시기가 매우 부적절했다고 볼 수 있었다. 물론 충분한 조사를 하지 않은 채 무작정 돈을 집어넣은 내 잘못이 크다.

　예전엔 비싼 카페라는 프리미엄 이미지 때문에 스타벅스에 가는 것만으로도 허영을 부린다, 사치를 부린다는 인식이 있었지만 요즘은 스타벅스와 가격이 비슷하거나 오히려 더 비싼 카페들이 너무나 많아졌기 때문에 스타벅스가 다른 곳에 비해 특별히 비싸다는 느낌이 들지도 않는다. 오히려 최근엔 가장 대중적인 카페가 된 느낌이다.

거기에 더해 프리퀀시 이벤트라도 하는 날엔 꼼짝 없이 다른 카페들은 안중에도 없어졌다. 프리퀀시 이벤트는 스타벅스에서 일정량 이상의 제조 음료를 마시고 발급되는 쿠폰으로 이벤트 상품을 받을 수 있는 행사인데, 연말엔 다이어리 브랜드와 협업해 내년도 다이어리를 증정했다. 나는 특히나 이 다이어리 행사에 눈이 뒤집히기 마련이었고 몇 년째 스타벅스 다이어리로만 일기를 쓰다 보니 이제 아예 다른 다이어리들은 눈에도 차지 않는 기현상이 발생하고 말았다. 스타벅스와 협업 중인 다이어리 브랜드에서 직접 사도 품질이나 내지 디자인은 똑같을 텐데 꼭 그렇게 스타벅스 로고가 박힌 그 한정판 다이어리가 갖고 싶었다. 그래서 연말이 되면 매장에서 주문 줄을 기다리다 프리퀀시를 적립하지 않는 앞 순서 사람들을 보면 대단히 안타까움을 느꼈다. 평소의 난 아무리 좋게 봐줘도 붙임성이 좋은 편이라고는 할 수 없는 내성적인 사람이지만 이때만큼은 먼저 나서서 매우 비양심적이게도 내 아이디로 프리퀀시 적립을 요청드리고 싶은 충동이 마구마구 솟았다.

한번은 스타벅스에서 레디백을 증정하는 프리퀀시 이

벤트를 연 적이 있었다. 당시 이 레디백이 엄청난 붐을 일으켰고 매장 오픈 한참 전인 새벽부터 줄을 서지 않으면 증정품을 받을 수 없는 지경에까지 이르렀다. 스타벅스에서 내놓은 레디백은 미니 캐리어 느낌의 작은 가방이었는데, 원래는 Emergency Ready Bag, 즉 긴급 상황 대비 가방이라는 뜻으로, 긴급 상황에 대피 시 집에서 바로 가지고 나갈 수 있도록 생존에 필요한 물건들을 담아놓은 가방이라고 한다. 그런데 스타벅스에서 '레디백'이라는 단어를 사용하고 엄청난 붐을 일으키면서 다른 여러 기업에서도 레디백이라는 단어를 사용해 미니 캐리어를 내놓았다. 당근마켓에선 레디백 증정 기준인 제조 음료 열일곱 잔 이상을 능가하는 높은 수준의 가격으로 레디백을 판매하는 사람들도 나타났다. 아무튼 이 난리통을 겪고서 지금은 증정품을 미리 예약해뒀다가 찾아가는 시스템으로 바뀌었지만 예전엔 매장에 재고가 있으면 줄을 섰다가 그때그때 받아갈 수 있었다.

때는 2020년 여름이었고, 코로나가 한창이라 마스크를 쓰지 않으면 매장 안에도 들어갈 수 없던 시절이었다. 여행 산업은 죽을 쑤고 있었고 덕분에 여행 산업에서 근무하고 있던 나도 계약 만료 통보를 당하고 스타벅스에서 죽을 치고 있었는데, 코로나 시대에 내놓은 여행 가방은 모순적이게도 너무나 잘 나갔다. 예쁘다고는 생각했지만 과연 새벽부터 줄을 설 만한 가치가 있는 물건인가? 그냥 쬐깐한 가방 하나 가지고 다들 되게 유난이다. 하지만 캐리어를 끌 만큼 짐이 많지 않을 땐 저거 하나만 들고 왔다갔다 하기에 편하긴 하겠다. 캐리어에서 짐이 넘칠 만큼 많을 때도 저걸 캐리어 위에 올려두는 보조 가방용으로 사용하면 손도 덜고 굳이 큰 캐리어를 살 필요도 없으니 좀 괜찮아 보이는 것도 같다. 나중에 코로나가 풀리고 해외여행이라도 가게 되면 평소에 움직일 땐 저걸 캐리어 위에 올려두고 사용했다가 공항에선 캐리어만 위탁 수하물로 부치고 레디백은 기내로 들고 가면 될 것 같지 않은가? 부피가 작으니 불편하지도 않을 것 같다. 자세히 보니 색도 너무 예쁘게 잘 뽑은 것 같고, 오른쪽 상단에 음각으로 박혀 있는 세이렌 로고도 감성적이고. 한정판이니 지금이 아니면 구할 수도 없을 것 같고…. 이렇게 서서히 세이렌의 유혹에 넘어가 그녀의 바다에 풍덩 빠져버리고 말았다.

그 무렵 나는 공황장애와 불안장애로 인한 약을 먹고 있었고, 심각한 불면증을 겪고 있었다. 하루는 도저히 잠이 오지 않아 새벽 3시까지 침대에서 뒤척이다가 생각했다.

'이 정도 말짱함이면 레디백 줄도 설 수 있겠는데?'

어차피 오늘도 백수, 내일도 백수인 몸. 내일 어디 갈 곳도 없고 밤 샌다고 걱정될 것도 없는데 미친 척하고 그냥 한번 나가볼까? 게다가 똑같이 미친 척을 한 동지들이 여럿 있을 것 같아 생각보단 괜찮을 것 같았다. 주섬주섬 옷을 갈아입고 밖으로 나가보니 이미 내 앞에 몇 팀이 와 있었다. 그들은 만반의 준비를 하고 왔는데 캠핑용 의자를 들고 온 팀도 있었고 돗자리를 펴놓고 앉은 팀도 있었다. 나는 그 옆 땅바닥에 철퍼덕 주저앉아 지나가는 개미들과의 지난한 눈싸움을 시작했다. 캠핑용 의자도, 돗자리도 없는 나는 개미들이 내 쪽으로 기어오는 것을 필사적으로 막아야 했기 때문이었다. 처음엔 캠핑을 온 듯 수다스럽고 신나 보였던 사람들도 시간이 흐르자 점점 말수가 줄어들었고, 모두들 자꾸만 헤드뱅잉 하려 드는 머리통을 간수하느라 정신이 없었다. 영겁의 시간이 흘러 매장 오픈 시간이 되었다. 파트너들의 애잔하고 따뜻한 "수고하셨습니다"를 들으며 레디백을 손에 들고 집에 돌아가는 길은 피

곤했지만 행복했다. 그리고 집에 돌아와 불면증이 언제 있었냐는 듯 신나게 뻗어버렸다. 나의 불면증 타파기를 들은 지인들은 다들 머리를 절레절레 흔들었지만 말이다.

코로나 기간이 끝나고 모두들 무섭게 보복 여행을 다니고 있는 지금, 그래서 힘들게 받은 그 레디백이 어떻게 되었느냐 하면… 어디에 있는지 모른다. 집 구석 어딘가엔 처박혀 있을 것이다. 최소한 버리진 않았으니 말이다.

하지만 나는 아직도 스타벅스에서 프리퀀시 이벤트를 연다 하면 매일 같이 음료를 사 마시기 바쁘고, 해외에 가면 꼭 스타벅스에 들러 해외에서만 파는 굿즈나 디저트 등이 있는지 살펴보곤 커피를 주문한다. 나의 최애 커피인 아이스 바닐라 라테는 도쿄에서 마시든 방콕에서 마시든 어김없이 똑같은 맛으로 나를 반겨주기 때문이다.

무한도전

인생은

온고지신

'고통을 희화화하기'가 바로 내 인생 모토이자 인생 철학이다. 세상엔 온갖 고난과 역경이 있지만 그것을 '희화'하는 것이야말로 고통을 덜어내는 가장 현명하고 우아한 전법이라고 생각한다.

이전작의 부제목에 '나는 공황장애가 있는 공항 직원입니다'라는 문구가 떡하니 붙어 있어 모르려야 모를 수가 없겠지만, 나는 한때 우울증과 불안장애와 공황장애를 앓았다. 나는 삶이 고되고 영 못 해먹겠을 때마다(거의 매일이

그랬지만) 〈무한도전〉을 틀어놓고 이불 속으로 기어들어갔
다. 〈무한도전〉이라면 이미 전 화를 다 꿰뚫고 있을뿐더러
많이 본 회차들은 자막까지 외워버릴 지경에 다다르기도
했다. 내 20대의 모든 낙은 〈무한도전〉이었다.

하지만 내가 맨 처음 〈무한도전〉을 접했을 무렵, 그러
니까 〈무한도전〉이 인기 있는 프로그램으로 급부상할 때,
나는 〈무한도전〉이 싫었다. 남들이 좋다는 건 다 일단 도
끼눈을 뜨고 보는 반골 기질도 있었지만, 뭐랄까 좀… 이
상했다. 다 큰 장정 여럿에게 아이스크림 하나를 던져주
면 그것이 마치 세상에서 먹을 수 있는 마지막 음식인 것
마냥 빼앗으려 혈안이 되었다. 예능 프로그램에서 대단한
의미를 찾긴 뭐하다만 저게 도대체 무슨 의미가 있는 건가
싶었고 보고 나면 기분이 안 좋았다. 마치 매일매일을 저
렇게 치열하게 살지 않는 나를 비웃는 것만 같았다. 하지
만 원래 걸작은 시작엔 또라이라고 욕 먹는 법이라고 했
다. 혁신의 시작은 악플이라고 하지 않던가. 그렇게 안 돼,
안 돼, 돼, 돼…의 클리셰에 빠져 〈무한도전〉에 입덕해버
린 것이었다.

어김없이 나의 우울증 메이트가 된 〈무한도전〉을 틀어 놓고 있던 어느 날, 쫄쫄이 옷을 입고 새로운 놀이기구 체험을 위해 멤버들이 에버랜드를 방문한 회차를 보게 되었다. 롤러코스터 타며 짜장면 먹기, 화장하기 등의 도전을 위해 멤버들이 차례차례 기구에 탑승하는데, 유재석이 첫 도전을 하며 "나 이거 너무 무서워, 진짜"라고 하자 옆자리에 탄 박명수가 이렇게 말한다.

"뭘 무서워, 그냥 하는 거지. 인생에 어려운 난관이 이것만 있겠어? 겁먹지 마. 인생은 온고지신(?)이다!"

'온고지신溫故知新'이란 '옛것을 익히고 그것을 미루어 새로운 것을 앎'이라는 뜻이다. 앞서 말한 내용과 하등 연관이 없다. 앞에 뱉은 말들이 꽤나 그럴듯해서 뒤에 과연 어떤 멋있는 말이 나올까 잔뜩 기대하고 있었는데 막상 그의 입에서 튀어나온 단어는 쌩뚱맞기 그지없는 '온고지신'이었다. 기대를 발로 차버리다 못해 지금 내가 뭘 들은 건지 살짝 의구심이 들 때쯤, 참지 못하고 웃음이 파하하 터져 나왔다. 자막에 붙은 온고지신 뒤의 '(?)'마저 킬링 포인트였다. 심지어 이 대사 바로 뒤, 유재석을 잡은 화면에선 '뭐래'라는 자막이 붙었다.

무서운 것은 고통이다. 되도록이면 인생에서 마주하고 싶은 감정은 아니다. 고작 롤러코스터에 대단한 의미를 갖다 붙인 것 같아 우스워 보이기도 하겠지만 나에겐 실로 중요한 문제였다. 나는 인생이 무서워 이불 안에 숨어 현실을 회피할 〈무한도전〉이라는 수단을 선택했다. 그러나 〈무한도전〉 속의 멤버들은 나에게 인생은 '온고지신'이라 말했다. 무서워하지 말라고. 회피하지 말고 부딪치라고.

그때 이후로 이 말은 나의 인생 철학으로 등극해버렸다. 무서운 것을 우습게 풀어내버리는 해학을 배웠다. 어쩌면 그 시절 나를 우울과 불안의 구렁텅이에서 끄집어내준 건 우스운 이 한 마디가 아니었을까?

정말 박명수 아저씨의 말대로 인생에서 어려운 난관은 이 하나에만 국한되지 않을 것이다. 살면서 셀 수 없이 많은 고통을 마주할 것이다. 그때마다 일일이 겁먹고 고통스러워하기보단 '온고지신'의 정신으로 이겨내보려 한다.

정말 엉뚱하기 그지없지만 떠올리는 것만으로도 푸스스 웃음이 나고 사랑스럽고 고통이 옅어지는 듯한 느낌마저 들기에.

마라탕

빨간 맛,
궁금해 허니

항상 빨간 맛에 끌렸다. 빨간 국물, 빨간 음식엔 언제나 사족을 못 썼다. 김치찌개, 순두부찌개, 라면, 제육볶음, 콩나물볶음, 고추장 비빔밥 등 빨간 게 들어가는 음식은 일단 좋아하고 봤다. 하지만 원래부터 매운 음식을 좋아했던 건 아니다.

삼양에서 불닭볶음면이 처음 나왔을 때 다들 맛있다며 난리가 났었다. 도대체 이게 뭔데 싶어서 먹어봤다가 너무 매워서 다신 안 먹겠다며 손사래를 쳤다. 그리고 다음 날 또 먹었다. 다다음 날도 먹고 다다다음 날도 먹었다. 맛있긴 한데 너무 매우니까 덜 맵게 먹을 수 있는 다양한 편의점 레시피들이 인터넷에 올라왔다. 삼각김밥을 으깨 소스와 함께 비벼 먹거나 스트링 치즈를 넣어 먹는 방법이 제일 유명했다. 이 레시피로도 먹어봐야 하고 저 레시피로도 먹어봐야 하니 어쩔 수 없이(?) 매일같이 먹었다. 그렇게 먹고 또 먹다 보니 어느덧 이 매운맛에도 점점 적응이 되는 것 같았다. 혀를 강타하는 얼얼한 맛도 좋았고 마치 하루의 스트레스가 다 풀리는 듯한 느낌도 좋았다. 남들보다 튼튼한 위장도 한몫했다. 다른 사람들은 매운 음식을 먹으면 다음 날 꼭 탈이 난다던데 내 위장은 너무 건강해서 탈이었다. 20대 초반의 위장은 그냥 그 자체로 튼튼한 것이었음을 그때의 내가 알았더라면 10년 뒤의 내가 조금은 덜 고생했을 텐데 말이다.

대한민국에서 어느새 불닭볶음면이 매운맛의 척도가 되었을 무렵('맵기:불닭볶음면 정도'로 설명하면 모두가 이해할 때), 나도 이제 불닭볶음면 정도는 맛있게 먹을 수 있게 되었다. 불닭볶음면이 너무 매워서 못 먹겠다는 친구들이 있으면 으레 맵부심(그것도 못 먹어?)을 부렸다. 당시의 나에게 가장 치욕적인 말은 '맵찔이'였다. 맵찔이라는 말을 듣고 싶지 않아서 더 으스대며 먹은 적도 많았다. 왜 그런 쓸데없는 허영과 고집과 되도 않는 허세를 부렸으며 튼튼한 위장까지 해쳐가면서 미래의 내가 후회할 만한 짓, 더 자세히는 지금 이 글을 쓰고 있는 내가 후회할 만한 짓을 하고 있는지… 내세울 만한 게 고작 그것뿐이었는지… 멱살 잡고 따져 묻고 싶지만 이미 지난 과거이므로 불문에 부치겠다.

이런 맵부심이 정점을 찍은 음식이 바로 마라탕이었다. 당시의 나는 백수라 집에만 있는 날이 많았다. 코로나 때문에 뜨는 비행기도 없는데 하필이면 항공 업계에 종사하고 있었기 때문이다. 이러다 정말 회사도 망하고 나도 망하는 게 아닌가 하는 진지한 고민을 했었다. 회사는 웬만해선 망할 일이 없으니 내 걱정이나 좀 더 할 걸 그랬지만 말이다.

직장인과 백수의 사이에서 나는 극심한 스트레스를 받았다. 무급 휴직 중이라 받는 돈은 없는데 회사에 겸업 금지 조항이 있어 아르바이트도 할 수 없었다. 못 버티겠으면 그만두고 나가면 되었지만 당장 코로나가 잡히고 다시 업무에 투입될 가능성이 아예 없는 것도 아니었다. 더군다나 이미 들어간 회사를 내 발로 박차고 나오기란 대단한 용기가 필요한 일이었다. 그리고 그때쯤, 마라탕이 대유행을 하기 시작했다.

처음엔 '그냥 매운 국물 요리 아니야?'라고 생각했다. 처음 한 입을 딱 먹었을 때는 그저 매콤한 국물 같았지만, 몇 초 지나지 않아 혀가 얼얼해지면서 매운맛이 퍼지기 시작했다. 마라 특유의 마비감이었다. 심지어 마라탕이 한국에 들어오면서 적절히 한국화되어 한국식 매운맛과 마라의 알싸한 맛이 어우러져 나를 미치게 만드는 완성형 매운맛이 되어버린 것이었다.

그날부로 나는 하루 걸러 하루씩 마라탕을 해치우러 다녔다. 예전에 마라탕이 없던 시절에는 어떻게 살았나 싶을 정도로 먹었다. 그때의 나는 전혀 알지 못했다. 하나에 **빠**지면 끝장을 보고야 마는 성격이 음식에까지 해당된다는 것을….

그러던 어느 날, 회사에서 받은 한 통의 메일이 내 일상을 뒤흔들었다. 그건 바로 '계약 만료 안내 사항'이었기 때문이다. 갑작스러운 통보에 당황한 나는 머릿속이 새하얘졌고, 그동안 내가 회사에 쏟아부은 시간과 노력이 한순간에 부정당한 느낌이었다. 마치 내가 끓여 온 마라탕 냄비가 넘어져 엉망진창이 된 기분이었다. 물론 난 직접 마라탕을 끓여본 적은 없지만. 더 이상 비행기가 뜨지 않으니 직원도 필요치 않은 회사의 사정은 이해했으나… 그럼 내 사정은? 계약 종료 소식을 확인했을 때, 그 순간은 마라탕의 매운맛도 나를 위로해줄 수 없을 것 같았다. 매운맛 대신 마음속 깊이 퍼지는 쓴맛만이 남았다.

회사에서 잘린다는 사실은 상상보다 훨씬 더 무거웠다. 무급 휴직이 계속되는 동안에 더 이상은 안 될거란 예상도 했고, 그래도 혹시 모르잖아 싶은 마음도 있었다. 하지만 나름대로 열심히 해왔다고 믿었기에 상실감은 이루 말할 수 없었다. 나의 자존심과 자부심은 마라탕 속 청경채처럼 부드럽게 무너졌다.

엉엉 우는 와중에도 배는 고팠기에 나는 다시 마라탕 집으로 향했다. 그렇게 실업의 슬픔을 다시 마라로 달래었다. 그러나 이번에는 그 매운맛이 전처럼 달게 느껴지지 않았다. 마라탕을 먹으며, 나는 매운맛보다도 국물 깊숙이 숨어 있는 쓴맛을 느꼈다. 마치 회사에서 받았던 퇴사 통보가 마라탕의 국물 속에 녹아든 것만 같았다. 직업을 잃은 현실, 그리고 앞으로 닥칠 불확실한 미래에 대한 두려움이 모든 맛을 뒤덮어버렸다. 인생의 마라맛을 봐버린 것이었다.

생각해보면 인생도 마라탕과 같았다. 매운맛도 있지만, 그 속에는 단맛과 쓴맛, 그리고 짠맛이 섞여 있었다. 마라탕이 한 가지 맛으로만 이루어진 음식이 아니듯 나의 삶 역시 다양한 감정들이 섞여 있었다. 직장을 잃었던 사실은 나에게 쓴맛을 선사했지만, 그것은 또한 내가 한 단계 더 성장하는 순간이 되었다.

나는 마라탕을 한 입 더 먹으며 깨달았다. 지금의 쓴맛은 그저 내 인생의 한 순간일 뿐, 이 또한 지나갈 것임을. 매운맛을 사랑하듯이, 쓴맛도 겸허히 받아들임으로써 더 강해질 수 있을 것이었다. 그리고 이제는 그 쓴맛마저도 나만의 매운맛으로 소화해내며 새로운 길을 찾아가고 있다.

교훈적인 문장으로 끝내고 싶었지만 자꾸만 여담을 붙이고 싶은 쓸데없는 병이 있어서 한 마디 사족을 덧대자면, 마라탕을 너무 많이 먹어 위장을 '버린' 건지 아니면 그저 나이를 먹어감에 따라 자연스레 소화기관도 약해진 건진 잘 모르겠지만 30대에 접어들고 나선 잦은 위통과 위염을 달고 살고 있기에 아쉽게도 요즘은 불닭볶음면이나 마라탕은 정말 가끔만 먹고 있다. 살기 위해… 정말 살기 위해…. 과연 이것은 빨간 맛의 해피 엔딩일까 배드 엔딩일까?

핑크 프린세스

핑크 공주는 될 수 없었던
빡빡머리 꼬맹이

―――――

    머리털 난 이후 나의 가장 첫 기억은 분홍색 크레파스를 립스틱이라며 입술에 바르고 다녔던 일이다. 언제였는지 자세히 기억나진 않지만 대략 네다섯 살 정도까지 살았던 집에서 있었던 일이니 그쯤이었을 것이다. 그걸 보고 경악한 엄마가 크레파스 대신 바르라며 분홍색 패키지로 된 립밤을 사줬다. 어릴 때부터 크레파스를 너무 많이 먹어 지금 내가 이 꼴이 된 것일지도 모르겠다고 생각하니 갑자기 조금 울적해졌다.

어렸을 적 앨범을 보면 유난히 빡빡머리 꼬마애가 많이 보였다. 우리집은 언니와 나 둘뿐이고 남자 형제는 없었다. 그 당시 나는 오빠가 갖고 싶어서 엄마한테 오빠를 낳아달라는 추태를 부리며 오빠는 아직 안 태어났을 뿐이라고 믿고 살았다. 그래서 앨범에서 유난히 자주 보이던 남자애가 궁금했다. 혹시 나의 숨겨둔 오빠가 아닐까 싶어 엄마한테 물어보니 "그거 너야"라는 충격적인 대답이 돌아왔다.

당사자는 하나도 기억하지 못하는 사연은 이러했다. 부모님이 집을 비운 사이 언니와 내가 미용실 놀이를 했고 미용사 역할은 언니, 손님 역할은 나였다. 그렇게 야매 미용사에게 머리카락을 댕강 날려먹고 어쩔 수 없이 엄마가 진짜 미용실에 데려가 머리카락을 빡빡 밀어버렸던 것이었다. 엄마는 빡빡이인 애가 치마나 분홍색을 두르는 건 좀 아니라고 생각했는지 무조건 바지에 짙은 색 옷을 입히고 짙은 색 가방만 들려 유치원에 보냈다. 나는 어린 마음에 그게 못내 싫었다. 나도 평범한 여자애였기 때문에 '여자애들 색'이 탐이 났었다.

유치원을 졸업하고 초등학교 입학을 앞두고 있을 무렵,

외삼촌이 입학 선물이라며 책가방을 선물로 사주셨다. 역시나 디자인은 엄마가 고른 건지 짙은 색 가방이었다. 어렸을 적 나는 소심쟁이 중에서도 1등을 달릴 정도로 소심한 성격이라 의견이란 걸 피력해본 적이 없었다. 하지만 그 가방을 보곤 서러움이 극에 달해 학교에 안 갈 거라며 땡깡을 부리다 종국엔 울기까지 했다. 엄마는 한숨을 푹 쉬더니 외삼촌에게 전화를 걸어 나의 전언을 전했다.

"만춘이가 분홍색 미니마우스가 아님 안 된디야."

그렇게 거의 반강제적이다시피 외삼촌으로부터 분홍색 미니마우스 가방을 뺑뜯은 나는 가방을 받고서 무척 신이 나 집에서도 그걸 메고 다녔다. 아직까지도 인생 첫 분홍색 가방이 눈 앞에 있는 것처럼 선명하게 떠오른다. 분홍색 바탕에 검정색 버클 두 개가 달린 앞 포켓. 한 손은 허리에 올리고 한 손은 나를 향해 밝게 인사하고 있는 미니마우스. 한동안 빼앗겼던 색이니만큼 나는 더더욱 분홍색에 집착했다.

지금 학교에 다니는 친구들은 모르겠지만 옛날에 학교에서 사용하던 고대 유물 중에 기름 난로라는 게 있었는

데, 어느 날은 그 난로에 검은색 패딩을 홀라당 태워먹고
서(일부러 그런 것은 아니다. 적어도 내 기억으론 그렇다) 새 패딩을
사주겠다는 아빠한테 꼬옥 핑크색이어야 한다며 신신당
부했다. 패딩을 사 오고 있다는 아빠한테 10분마다 전화
를 걸어 "핑크색으루 샀어?", "오구 있어?", "지금은 어디
야?"라며 재촉을 했다. 아빠는 짜증 한 번 내지 않고 내 전
화를 다 받아주었다. 드디어 집에 거의 다 왔다는 아빠를
버선발로 마중나가 나의 신성한 패딩을 마주했다. 그것은
내가 그때까지 봤던 옷들 중 두 번째로 아름다운 옷이었
다(첫 번째는 엄마가 미싱기로 만들어준 개나리색 원피스였다. 분홍색은
아니었지만 행여나 닳을까 소중히 입고 다녔다). 분홍색 패딩을 입
고 분홍색 가방을 멘 나는 세상에서 가장 행복한 초등학
생이 되었다.

　분홍색 가방의 열망은 중학생이 되어서도 사라지지 않
았는지 분홍색 티니위니 책가방을 들고 다녔다. 캐릭터가
쥐 대신 곰으로 대체되었을 뿐이었다. 신던 신발조차 분
홍색 컨버스였다. 사실 이 분홍색 컨버스에는 사연이 있
었다. 한 학년 위에 남몰래 흠모하던 선배가 있었는데 그

선배가 항상 분홍색 컨버스를 신고 다녀서 나도 똑같은 제품으로 사서 신고 다녔다. 그 선배는 내 존재조차 몰랐지만 나에겐 선배가 신은 신발조차 아름다워 보였다. 선배가 분홍색 컨버스를 신고 밟고 지나간 거리거리마다 꽃분홍색으로 물든 것만 같았다. 물론 신발을 사준 엄마는 이 사실을 까맣게 몰랐다.

성인이 되고 난 이후엔 사귀던 애인에게 "남자는 핑크지!"를 외치며 분홍색 옷을 입히려 하면 기겁을 하며 도망가는 게 재밌어서 부러 더 장난을 치곤 했다. 물론 밑바탕은 진담이었다. 진심으로 내 애인이 분홍색 옷을 입고 와준다면 너무나 사랑스러울 것 같다. 그러니까 미래의 내 애인이 이 글을 읽고 있다면 유념해주길 바란다.

분홍색은 나에게 특별한 색이다. 핑크를 싫어하는 사람도 있을 수 있겠지만 그들도 아마 한 번쯤은 핑크색이 주는 특유의 긍정적인 에너지를 느껴본 적이 있을 것이다. 핑크색은 우리의 일상 속에서 작지만 강한 기쁨을 선물해주는 색이다. 핑크색이 있으면 마치 밸런타인데이처럼 어딘가 따뜻하고 사랑스러운 분위기가 만들어지지 않던가.

  핑크색은 말이야, 삶에 약간의 통통 튀는 즐거움을 더해
주는 마법 같은 색이니까!

타코야끼 아저씨와
호떡 아줌마

―――――

우리 동네는 서울 서쪽의 작은 동네 치고는 꽤나 교류가 활발하다. 무료 나눔을 하거나 동네 맛집을 공유하는 등 정보 교환을 할 수 있는 단톡방이 따로 있을 정도인데 개중 사람들의 입에 가장 많이 오르내리는 말이 있었으니 바로 "오늘 타코야끼 아저씨 오셨나요?" 또는 "오늘 호떡 아줌마 오셨나요?"였다. 우리 동네엔 매주 월요일마다 오시는 타코야끼 아저씨와 매주 목요일마다 오시는 호떡 아줌마가 있다. 두 분은 서로를 모르실 테지만 우리 동네 사람들은 두 사장님을 천생연분이라 부른다. 두 분이 같은 요일에 오셨거나 하루이틀 차이로 오셨다면 이렇게까지 포텐이 터지진 않았을 것이다. 같은 날이라면 손님이 나뉘어 라이벌이 됐을 것이고 하루 차이였다면 어제 밀가루 간식을 먹고 오늘 또 다른 종류의 밀가루 간식이 구미를 당기진 않을 터이니 다른 한 쪽은 손님이 줄었을 것이다. 하지만 요일 선정마저 기가 막히게도 타코야끼 트럭은 매주 월요일 1번 출구, 호떡 트럭은 매주 목요일 2번 출구 쪽에 자리를 잡았다. 그래서 월요일 퇴근은 1번 출구로, 목요일 퇴근은 2번 출구로 하는 것이 나의 자연스러운 루틴으로 정립된 것이다.

우리 동네 사람들은 맛도리 인간인지라 맛집 선별에 있어 꽤나 까다로운 편이었지만 타코야끼 아저씨와 호떡 아줌마만큼은 단 한 명의 이견도 없이 모두가 인정하는 바였다. 동네에 새로 이사 온 사람들이 맛집을 추천해달라고 하면 일단 타코야끼와 호떡은 꼭 목록에 들어갔다. 그리고서 추천을 받고 사 먹은 사람에게서 "와…. 호떡 기가 막히긴 하네요" 같은 감탄사가 나오면 다들 흐뭇하게 '그럴 줄 알았어' 하며 괜스레 뿌듯해했다. 그러나 맛도리를 즐기려는 자, 그만큼의 인내를 감내해야만 했다. 특히나 타코야끼 같은 경우 한 판을 만들어내는 데 20분 정도가 걸렸기 때문에 남들과 같은 시간에 퇴근하고 가면 한 시간 웨이팅은 기본이었다. 재수가 없어 바로 내 앞에서 한 판이 다 끊겨 20분을 더 기다려야 했던 적도 부지기수였다. 호떡은 타코야끼에 비해 찍어내는 속도가 빠르기 때문에 비교적 구매는 쉬운 편이었으나 사장님의 무단결근이 잦았다. 그리고 어느 곳이건 마찬가지겠지만 재료가 다 소진되면 장사를 접고 일찍 들어가시는데 호떡 사장님은 유난히 명성에 비해 재료를 새 모이만큼 가져오셔서 칼퇴요정들에게만 모이를 하사하시곤 훌쩍 떠나버리셨다. 그렇기에 일주일을 기다려 목요일이 되어도 실제로 호떡이 내 입에 늘어가는 날은 손에 꼽았다. 단톡방에선 "제가 퇴근이 늦어 시간을 못 맞출 것 같은데 혹시 대신 호떡 사주실 분 계신가요? ○시쯤 △△역에 도착할 것 같습니다. 사례는 넉넉히 드리겠습니다" 같은 글도 심심치 않게 볼 수 있었다. 물론 나도 그 사례에 혹하긴 하였으나 워낙 내성적인 성격 탓에 '생판 모르는 사람의 퇴근 후 호떡을 위해 대신 줄을 서고 그걸 얼굴 맞대고 전달한다'와 같은 상황은 비상 상황이 아닌 이상 내 정신 건강에 해로울 것 같아 실천해본 적은 단 한 번도 없었다.

　지금으로부터 대략 8~9년 전엔 다니던 회사 앞에서 파는 흰 앙금 호두과자에 사족을 못 썼던 적도 있었다. 오리지널 호두과자엔 팥 앙금이 들어가지만 당시에 처음 먹어봤던 흰 앙금 호두과자는 내 입맛을 사로잡아버렸다. 한 가지 단점이라면 사장님이 회사 앞에 나타나시는 것이 요일도, 시간도 랜덤이라 언제 퇴근하고 가야 할지 당최 감을 못 잡겠다는 점이었다.

　당시 나는 웹디자이너로 근무하고 있었다. 내가 다녔던 회사 건물은 건축 양식이 커튼월(건물의 하중을 모두 기둥, 들보, 바닥, 지붕으로 지탱하고, 외벽은 하중을 부담하지 않은 채 마치 커튼을 치듯 건축 자재를 둘러쳐 외벽으로 삼는 건축 양식 — 위키백과)이라 외벽이 모두 유리창이었고 내 자리는 바로 외벽을 등진 자리였다. 덕분에 나는 쏟아지는 햇빛과 씨름하며 '컬러가 이상한데? 왜 이렇게 허여멀건해?' 하고는 채도와 명암비를 끝까지 올려놓고선, 저녁이 되면 '컬러가 왜 이래?' 하며 재수정하기 바빴다. 또한 여름엔 덥고 겨울엔 추운 궁극의 자리에서 사계절을 버텨낸 진격의 회사원이기도 했다. 내 자리의 장점이라곤 오늘 호두과자 아저씨가 오셨나 확인하기에 용이한 위치라는 것뿐이었다. 호두과자 아저씨는 현금밖에 받지 않으셔서 현금이 없는 날 사장님이 기습 출현하시면 ATM 기기에 들렀다 가느라 먼 길을 빙 돌아 퇴근한 적도 있었다. 퇴근길 호두과자는 나의 행복이었다.

　요즘의 행복은 두말할 것도 없이 타코야끼와 호떡이다. 비록 여름엔 사장님들이 여름방학 기간을 가지시지만 겨울이 오면 다시 그 위상을 회복하였다. 그러나 신께서는 미천한 인간들에게 한 번씩 시련을 내리시기 마련이었고 나에게 그 시련은 생각보다 일찍 찾아왔다. 어느 목요일, 퇴근 후 신나는 발걸음으로 호떡 사장님의 품으로 달려갔을 때였다.
　"사장님! 저 호떡 네 개 포장해주세요!"
　"네. 아가씨, 그리고 호떡은 오늘이 마지막이에요."
　"네에에? 아니, 왜요?"
　"허리 디스크 때문에 치료를 좀 받아야 해서요. 다시 나올 수 있을는지도 잘 모르겠네."

"허억, 사장님… 그럼 저 호떡 네 개만 더 싸주세요…."

호떡 여덟 개가 든 봉지를 들고 집에 가는 길에 내 마음 속 눈물로 호떡이 다 젖어버린 것만 같았다. 제발 사장님의 터져버린 디스크가 한시 바삐 붙기를. 그래서 한시 바삐 호떡남아들의 품으로 돌아오시기를. 생판 남의 허리가 완쾌되기를 이렇게 간절히 바란 적은 처음이었다.

제로 음료

내게는
제로인 열광

세상이 열광하는 것들 중 어떤 것들은 내게 아무런 떨림을 주지 못한다. 개중 하나가 바로 제로 음료다. 사람들은 제로라는 단어 앞에서 박수를 보내고 음료수 한 캔에 혁명이라는 단어를 쉽게 붙인다. 설탕과 칼로리에 대한 죄책감에서 해방될 수 있다는 메시지는 대중을 매료시켰고 편의점 냉장고는 온통 제로의 제국이 되었다. 그런데 제로 음료라는 트렌드는 정말로 우리가 원하는 혁신일까, 아니면 달콤한 착각일까?

제로 음료의 가장 큰 매력은 '제로 칼로리'다. '칼로리는 없지만 맛은 있다'는 광고는 우리에게 더 이상 맛있는 것을 포기하지 않아도 된다는 희망을 준다. 그러나 그 뒤에 숨은 메시지는 무엇일까? 제로 음료는 우리가 맛을 느끼는 방식마저 효율과 기준으로 재단한다. 더 이상 맛있는 것을 즐기기 위해 열량이나 몸에 대해 걱정 할 필요가 없다고 말하지만, 결국 이는 우리가 몸과 마음을 끊임없이 통제해야 한다는 사회적 압박의 연장선에 불과한 것은 아닐까? 달콤한 해방 같지만, 어쩌면 인공 감미료 맛의 착시 효과일 뿐일지도 모른다.

제로 음료가 나쁜 것은 아니다. 누군가에게는 그것이 진정으로 매력적이고 즐거움을 주는 수단일 수 있다. 하지만 중요한 것은 사람들이 제로 캔을 흔들며 열광한다고 해서 나도 똑같이 갈채를 보내야 할 필요는 없다는 점이다. 우리는 우리가 진정으로 원하는 것을 선택할 자유를 가져야 한다.

내가 제로 트렌드를 비판적으로 바라볼 수 있는 이유는 웃기고 단순하게도 그것들이 내 입맛에 맞지 않아서이다.

각종 기업들의 제로 맹공격에도 나의 입맛은 온갖 인공 감미료들을 반려시키기에 여념이 없었다. 30여 년 넘게 마셔온 강렬한 단맛에 길들여진 내 혀는 설탕이 밀려난 자리에 들어간 인공 감미료와 그로 인해 희미해져버린 이상야릇한 깊이감에 적응하지 못하고 혼비백산했다. 이것은 내가 술을 즐기지 않는 이유와도 일맥상통했는데, 남들이 와인과 위스키에서 풍미를 찾을 때, 내게는 소독약 맛이 나는 액체 이상의 즐거움을 주지 못하기 때문이다. '50퍼센트 할인'에 대항하는 '안 사면 100퍼센트 할인'처럼, 정말 건강과 체중을 생각한다면 안 먹으면 그만이다.

제로 음료를 마시든 마시지 않든, 중요한 것은 내가 무엇에 열광하고 무엇에 흥미를 느끼는지이다. 누군가 열광하는 것에 반드시 나도 열광해야 할 필요는 없다. 관심은 선택의 문제니까.

열광은 개인의 취향과 경험에 따라 만들어지는 무수한 레이어의 조합이다. 내게 중요한 것은 내가 무엇을 좋아하는가이지 남들이 무엇을 좋아하는가가 아니다. 내가 좋아하지 않는 것을 억지로 좋아하려고 할 필요는 없다. 나의 관심과 열정은 내가 선택한 것에만 주어져야 한다. 그것이 나를 나답게 만드는 것이기 때문이다.

내가 열광하는 것들은 더 작고, 더 사소하고, 어쩌면 누군가는 흘려보냈을지도 모를 것들이다. 오래된 책의 낡은 냄새, 비 오는 날 창문을 두드리는 빗방울 소리, 혹은 잘 만들어진 애니메이션의 한 장면 같은 것들은 화려하지도 않고 누군가에겐 무의미할 수도 있다. 하지만 내게는 그 어떤 것들보다 큰 만족감을 주는 것들이다.

나는 남들이 좋다 하는 '없음' 대신 나만의 '완전함'을 찾아가는 여정을 아직도 진행 중이고, 죽을 때까지도 지속하고 싶다. 그리고 그 길의 어딘가에서 나는 제로가 아니라 플러스, 예를 들면 치킨과 콜라(물론 제로 말고)를 들이켜고 있을지도 모른다.

구독, 좋아요

우리의 삶을

정기 결제하기

———

　눈 감았다 뜨니 구독의 시대가 도래해버렸다. 예전에야 구독이랄 게 뭐가 있었겠나. 끽해봐야 신문 구독이나 우유 구독이 전부가 아니었나. 요즘은 어느 날부턴가 아무것도 사지 않았음에도 불구하고 카드 결제 알림이 부단히도 날 아온다. 바로 구독 갱신 알림이다. 정기적으로 결제되는 디지털 서비스들 속에서 우리의 삶은 매달 자동으로 연장된다. 오늘날 구독은 음악, 영화, 책, 심지어 커피와 옷까지 우리의 일상 곳곳에 스며들어 있다.

내 인생 첫 구독은 넷플릭스였다. 요즘 친구들은 알까 몰라. '라떼는' 영화를 보고 싶으면 비디오방에 갔다. 예전엔 만화책과 비디오를 같이 빌려주는 가게들이 많이 있었다. 그러다 비디오가 DVD로, DVD가 블루레이로, 블루레이가 무소유의 구독 체제로 넘어오게 된 것이다. OTT는 인터넷만 있으면 스마트폰, TV, 태블릿 등 다양한 기기를 통해 언제든 내가 원하는 콘텐츠를 즐길 수 있게 만들었다. 또한 영화뿐 아니라 각종 드라마와 애니메이션까지 있으니 구독료 대비 나쁘지 않은 딜이었다.

맨 처음 넷플릭스를 구독한 이유는 넷플릭스 오리지널 영화인 〈옥자〉를 보기 위해서였다. 〈옥자〉는 어린 소녀와 사연 많은 동물의 우정을 그린 봉준호 감독의 영화다. 무려 봉준호 감독의 신작이라는데, 무려 틸다 스윈튼이 나온다는데, 영화관에선 개봉을 안 하고 오로지 넷플릭스로만 볼 수 있다는 사실이 나를 생애 첫 구독으로 이끌었다. 당시 우리나라에선 센세이션한 방식이었고 영화 산업을 해친다는 이유로 약간의 비난이 있었지만 그 이후로 〈오징어 게임〉, 〈더 글로리〉 등이 넷플릭스 오리지널 시리즈로 자리매김을 하면서 초반의 비난은 많이 사라졌다.

그다음은 유튜브 프리미엄이다. 대★영상물의 시대가 도래하며 유튜브가 전 세계를 강타해버렸다. 이젠 글보단 영상으로 정보를 수집하는 시대가 되어버린 것이다. 유튜브는 정보의 영상화에 혁혁한 공을 세운 플랫폼이다. 누구나 무료로 영상을 시청할 수 있었다. 물론 광고만 조금 본다면 말이다. 자연스레 영상엔 광고가 따라붙었고 광고가 지겨운 사람들은 유튜브 프리미엄을 이용해 광고 없이 영상을 시청할 수 있었다.

그러니까… 난 분명 프리미엄 구독에 회의적이었다. 처음엔 영상이 시작하기 전에만 광고가 붙었으니 15초는 애교로 봐줄 만했다. 그러다 점점 영상 중간에도 붙었고 중간의 중간에도 붙기 시작했다. 귀염둥이 15초 수준으로 봐줄 수 있는 선을 넘어버린 것이었다. 집중하며 영상을 보다가 갑자기 광고가 뜨면 화가 났다. 안 그래도 몇 분 안 되는 집중력을 끌어모아 보고 있었는데 맥이 탁 끊겨버렸다. 그 길로 주체할 수 없는 분노를 유튜브 프리미엄 결제로 풀었으며 더 이상 광고 때문에 화가 나는 일은 없어졌다. 그리고 차곡차곡 쌓이는 프리미엄 결제료는 나중에 유튜브 수익료로 되돌려 받을 것이라는 복수극을 꿈꾸고 있다(라고 편집 프로그램도 다룰 줄 모르는 사람이 말했다).

그다음은 밀리의 서재였다. 밀리의 서재는 월별 또는 연 단위 구독을 하고 전자책을 대여해 읽을 수 있는 전자책 서비스다. 나만 느끼는 건지 모르겠지만 이름도 너무 귀엽다. 인상 좋은 호호 할머니 같은 밀리 여사가 평생에 걸쳐 관리한 책 수십만 권이 꽂힌 서재를 대중에게 공개한 느낌이랄까. 하지만 전자책이라는 사실이 나를 떨떠름하게 했다. 아무리 대세가 소유의 종말로 향하고 있다지만 책은 물질로서의 상징성이 있지 않은가? 한평생 종이책을 읽어온 나로서는 전자책이라는 서양 문물을 받아들일 수 없다는 1인 위정척사 운동을 펼쳤다. 나는 출퇴근길에도, 여행길에도 항상 책 한 권을 가방에 넣어 다니는 사람이었다. 책이란 자고로 한 장 한 장 종이를 넘기는 맛에 읽는 것이라는 홍선대원군스러운 옛소리를 지껄이며 다니던 어느 날, 내가 코로나로 인해 항공 업계에서 내쳐지고 친정 같은 디자인 업계로 되돌아가 근무하고 있을 때였다. 내가 다니던 회사는 업무가 바쁜 시즌이 정해져 있었고 해당 시기 이외에는 상대적으로 굉장히 여유로웠다. 그래서인지 업무 비수기 시즌에는 일하는 척하는 성의를 보이는 딴짓거리라면 용인해주는 분위기였다. 그래서 내가 선택한 방법은 밀리의 서재를 다운로드하여 이메일 화면 옆에 조그만 창으로 띄워놓고, 이메일을 확인하는 척하며 전자책을 읽는 것이었다. 똑같이 흰 화면에 검은 글씨라 그냥 지나가다 스윽 보는 정도로는 티가 잘 나지 않았다. 회사에서 딴짓을 하고 말리라는 집념이 신념을 이겨버린 것이었다. 그렇게 나는 해당 연도에 무려 60여 권이 넘는 책을 읽으며 신기록을 경신했다.

밀리의 서재는 '밀리 오리지널 서비스'도 제공했는데, 밀리의 서재에서 일정 기간 독점으로 공개하는 도서 시리즈다. 지금은 우리에게 친숙한 베스트셀러인 김영하 작가의 『작별 인사』, 김초엽 작가의 『지구 끝의 온실』도 밀리 오리지널 시리즈로 시작했다. 밀리 오리지널 시리즈 중에서 내가 가장 좋아하는 건 정보라 작가의 「아주 보통의 결혼」으로, 읽자마자 반해버렸다. 단편 모음집인데 무려 인공지능 엘리베이터가 주인공으로 나오는 챕터도 있다. 전자책으로 다 읽고서 종이책으로도 소장하고 싶어 알아봤지만 아직 종이책으로는 나오지 않은 모양이었다. 하지만 밀리의 서재에서 밀리 오리지널 종이책 정기 구독을 한 사람에게만 준 소량의 종이책이 남아 있었고 다행히 중고로 구해 볼 수 있었다. 그렇게 어렵게 구한 종이책은 읽을 용도는 당연히 아니었고 소장용이라, 불면 날아갈까 만지면 찢어질까 책장에 고이고이 모셔두었다. 혹여나 나중에 정식으로 출판사에서 종이책이 출간된다면 리커버 버전의「아주 보통의 결혼」을 오리지널 버전과 함께 책장에 나란히 꽂아 놓을 생각을 하니 설레기 그지없다. 그리고 내 첫 책『웰컴 투 패닉 에어포트 : 나는 공황장애가 있는 공항 직원입니다』도 밀리 여사의 서재에 들어가 있는데, 종이책뿐만 아니라 전자책으로도 수입원이 생기니 여간 좋은 것이 아니다. 밀리 여사 파이팅이다.

이러한 구독의 편리함 뒤에는 흥미로운 변화가 숨어 있다. 구독은 소유의 개념을 변화시켰다. 무언가를 소유하지 않는 시대에 들어선 것이다. 영화와 드라마, 음악은 클라우드 위에 떠다니며 우리는 단지 그것을 소비할 권리를 일정 기간 빌릴 뿐이다. 구독의 시대는 우리를 소유자에서 사용자로 바꾸어놓았다. 빌려서 소비하고, 필요가 없어지면 빌리지 않으면 그만인 것이다. 나 같은 유저들은 이러한 시류에 완벽하게 편승하여 구독러로서의 삶을 즐기고 있다. 모든 편리한 것들이여, 나에게 오라!

야구

야구는

패션인가 신앙인가

———

야구 천만 관중 시대에 걸맞게 전에 없던 새로운 단어나 개념들이 생겨났다. 그중 하나가 바로 '패션 야구'다. 요즘 많이 회자되는 이 패션 야구라는 단어를 듣고 처음엔 단순히 야구 유니폼을 실생활에서도 멋스럽게 입고 다닌다는 뜻인 줄로만 알았다. 그러니까 '야구 패션'에서 순서만 뒤집은 느낌이랄까. 하지만 패션 야구는 유니폼 이상의 의미와 오해도 안고 있는 단어다. 의복이나 차림새의 패션이 아닌 사람 자체를 패션화하는 데 더 중점을 둔 개념, 그러니까 '야구장에 와서 야구를 즐기는 나'를 보여주기 식으로 즐기는 사람들을 비하하는 말이라고 볼 수 있다.

   사실 나는 올해 처음 야구에 빠졌다. 나의 야구 덕질은 작년에 나를 처음 야구장의 세계에 데려가준 친구로부터 시작됐다. 그녀는 목이 탄다며 맥주 세 캔을 쌓아두고 마셨다. 야구가 그렇게나 목이 탈 일인지 그때는 미처 알지 못했다. 경기가 시작되고서 타자가 친 공이 우리가 앉아 있는 응원석 쪽으로 날아오자 "와, 홈런이다!"를 외치며 손뼉을 치며 좋아했는데 나 외엔 아무도 박수를 치지 않았다. 친구한테 물어보자 방금 건 파울이고 홈런은 저어 라인을 넘어가야 한다고 했다. 그냥 관중석을 넘어가면 다 홈런 아니었던가? 머리가 가려워져 벅벅 긁었다. 사실 야구 룰에 대해선 무지랭이보다 더 무지랭이였다. 내가 야구에서 아는 단어라곤 파울과 홈런이 전부였는데, 파울도 뭐가 파울인지 잘 몰랐고 홈런도 어떤 때 홈런인지 알지 못했으니 그냥 단어만 알고 있었다고 봐도 무방했다. 결국 그날 우리가 응원하던 팀이 졌는데 나는 집으로 돌아가는 그 순간까지도 왜 진 건지 알지 못했다.

이랬던 내가 지금은 야구 룰을 줄줄이 꿰고 선수들의 전력을 분석하며 '선수 놀이'를 한다. 내가 만약 투수라면… '저 친구는 바깥쪽 변화구에 약해', '이 친구는 높은 쪽 직구만 나오면 무조건 헛스윙이야' 하며 어느 쪽에 어떻게 던질지를 생각하고, 내가 타자라면… 저 투수는 어느 구종을 잘 던지는지, 구속이 어느 정도인지 체크하는 식이었다. 그리고 작년에 날 데리고 야구장에 가줬던 친구에게는 참으로 미안하게도 현재 나는 전혀 다른 팀을 응원하고 있다. 내가 나고 자란 고향이 그쪽 지방이라 자연스레 연고지 쪽으로 마음이 기울었던 것이다.

처음 야구장에 갔을 땐 그저 다 같이 응원하는 게 즐거웠다. 친구가 빌려준 유니폼을 입고 사진을 찍는 것도 좋았고 이것저것 시켜 먹을 수 있는 음식이 많은 것도 좋았다. 그러나 한쪽에선 이런 사람들을 '패션 야구'로 치부한다. '룰도 모르면서 사진만 찍으러 오는 사람들', '인스타용'… 이런 말들이 오간다. 나도 처음 빌린 유니폼에 마킹된 선수 이름이 뭐였는지 친구에게 유니폼을 반납한 당일에 홀라당 까먹었다. 사실 선수 이름과 등번호는 등짝에

붙어 있으니 눈이 앞에 달린 나는 유니폼을 입고 있는 그 순간에도 까먹었다.

하지만 곰곰이 생각해봐도… 아무럼 어떠랴? 덕후에도 단계가 있는 법이다. 어느 분야건 진성 덕후가 있는 반면 가볍게 즐기는 정도인 라이트 팬도 있을 수 있다. 하물며 축구나 농구, 야구 같은 스포츠야 평소엔 관심 없다가도 올림픽이나 월드컵, 아시안게임 같은 시즌이 오면 대한민국이 보우하사 우리나라를 응원하게 되는 건 당연한 수순 아니던가? 덕질은 원래 처음엔 겉멋으로 시작되기도 한다. 재밌어 보이니까, 유니폼이 예쁘니까, 사람들 분위기가 좋아서. 그렇게 야구장을 찾은 사람들 중 누군가는 다음 날 선수 이름을 검색해보고 경기 일정표를 캘린더에 넣고 하이라이트를 돌려 보며 밤을 지새울 수도 있다. 패션 야구가 야구 덕질의 출입구라면 그 입구가 많을수록 좋은 일 아닌가. 야구가 더 이상 '알아야만 즐길 수 있는 스포츠'가 아니라 '보고 느끼면 누구나 좋아할 수 있는 스포츠'라는 뜻이니까.

물론 오랫동안 팀을 지켜본 팬들의 진심은 다르다. N연패도 버티고 강등과 부활을 함께 겪으며 야구장에 희로애

락을 녹여낸 팬들의 감정을 얕다고 할 순 없다. 하지만 라이트 팬들 역시 지금은 비록 응원가를 몰라도 언젠간 같은 자리에서 똑같이 소리치게 될지도 모른다. 덕질은 오래 했다고 진짜도 아니고, 짧게 했다고 가짜도 아니니까.

야구장에 더 많은 관심과 셀카와 유니폼이 생긴 지금, 우리는 새로운 팬의 시대를 살고 있다. 그리고 나는 그 변화가 꽤 마음에 든다. 처음 야구장에 온 라이트 팬들에게도 비난 없이 야구를 즐길 권리가 있다! 그리하여 야구 라이트 팬들을 위한 야구 응원 가이드를 작성해보았다. 가이드는 아래와 같다.

— 라이트 팬을 위한 야구 응원 가이드

1. 사진 많이 찍어라.

2. 최대한 많이 즐겨라.

3. 치킨, 맥주, 크림새우, 비빔국수, 츄러스 등등⋯ 먹을 수 있는 건 다 먹고 와라.

4. 응원가를 모르겠을 땐 일단 음식을 입에 욱여넣어라. 먹느라 못 부른 척하자.

5. 같이 간 친구가 욕하는 모습을 처음 봤더라도 당황하지 마라. 경기 내내 많이 볼 것이다.

6. 유니폼은 있어도 그만, 없어도 그만. 친구가 빌려준다면 감사히 입은 뒤 반납하고, 아니라면 아끼는 옷은 피해 입어라. 먼지투성이가 될 것이니.

7. 추후 내 유니폼을 사게 되더라도 응원용 가을 점퍼는… 웬만하면 사지 마라.

Part 3.
좋아하는 마음은 지지 않는다

현실을 살아가며 게임 속 세상처럼 단축키 하나로 모든 것을 뚝딱 해결할 수 있다면 얼마나 좋을까, 하고 상상해본 적 있는가? 유치하다고 생각하겠지만 나는 있다. 출퇴근길 지하철을 타거나 유명한 맛집에 줄을 설 때면 사람이 너무 많아 다른 채널로 옮기고 싶다는 생각을 종종 했으며, 일이 잘 풀리지 않을 땐 모든 장애물을 해치워버릴 수 있는 치트키가 절실히 필요했다.

해리 포터

실수로 호그와트에
입학하지 못한 소녀

———

해리 포터가 다니는 마법 학교인 '호그와트'는 마법을 배울 수 있는 자질을 갖춘 아이들의 열한 살 생일에 부엉이를 통해 입학 허가서가 담긴 편지를 보냈다. 나는 산타를 믿는 대신 호그와트의 교장인 덤블도어를 믿었기에 나에게도 열한 살 생일에 호그와트 입학 편지를 발목에 맨 부엉이가 도착하리라 믿었다.

그리고 고대하던 열한 살 생일 아침, 내가 잠든 사이에 부엉이가 편지를 흘리고 갔을까 싶어 침대 양 옆 구석구석, 책상, 심지어 침대 밑까지 확인해봤지만 편지가 없다는 것을 인지한 후 절망에 휩싸였다. 지금 생각하면 어처구니가 없지만 당시엔 하늘이 무너질 것만 같은 절망감이었다.

나는 어릴 적 책을 좋아했다고 하기엔 좀 양심에 찔리고… 『해리 포터』를 좋아했다'는 표현이 더 맞겠다. 엄마의 표현을 빌리자면 '마르고 닳도록' 읽었다. 마치 고시 공부하는 사람처럼 N회독을 했다. 1편부터 4편까지 읽었다가 더 이상 읽을 다음 편이 없으면 다시 1편으로 되돌아가 처음부터 읽었다. 어찌나 품에 끼고 살았던지 책이 찢어지기도 했다. 엄마가 찢긴 책장을 보며 "새로 하나 사줄까?"라고 물었으나 찢긴 내용을 이미 외우고 있던 나는 필요 없다고 대답했다.

『해리 포터』의 열성 덕후였던 나는 『해리 포터』 팬카페에도 가입해 대대적인 활동을 이어나갔다. 내가 가입한 곳은 명색이 『해리 포터』 팬카페답게 가입 후 등업 신청을 하면 카페 관리자가 호그와트의 기숙사 중 한 곳으로 배정을 해줬다. 호그와트엔 총 네 개의 기숙사가 있었다. 용감한 사람들이 모인 곳이자 해리 포터와 주인공들의 기숙사인 '그리핀도르', 악역들의 기숙사지만 그만큼 두뇌 회전이 빠르고 영리한 '슬리데린', 지혜로운 사람들이 모인 '래번클로', 그리고 세 곳에 비해 평범한 사람들이 가는 기숙사라는 편견이 있는 '후플푸프'까지.

기숙사에 배정을 받기 위해선 등업 신청 시 내가 무엇을 잘하는지 적어내야 했다. 그 당시 나는 딱히 뭔가를 잘하는 재주는 없다고 생각했지만 주인공들을 동경하고 있었기 때문에 그리핀도르에 배정 받고 싶어 '두 손 놓고 자전거 타기', '치과 혼자 가기' 따위의 것들을 적어 냈다. 하지만 이런 것들은 카페 관리자가 생각하기에 그다지 용감한 것들은 아니었던지 나를 후플푸프에 배정해버렸다.

후플푸프에 배정받은 나는 못내 서운했다. 책에서 보던 후플푸프에는 4편에서 해리와 함께 중요 시합에 나간 한 명의 조연을 빼고는 두드러지거나 잘난 인물이 단 한 명도 없었다. 심지어 책에서조차 후플푸프가 주목받는 것은 드문 일이라고 표현했다. 모든 학기가 끝나고 기숙사 점수를 매길 때에도 후플푸프는 항상 꼴찌로 나왔다. 그래서 나는 내 힘으로 후플푸프를 부흥시키리라 생각했다. 당시 팬카페 내에서도 우수 활동 회원으로 꼽히면 해당 기숙사에 가점을 부여하는 시스템(무엇을 위한 가점이었는지는 여전히 의문)이 있었다. 제일 높은 점수를 받을 수 있는 활동은 바로 소설 연재였다. 팬카페엔 『해리 포터』 세계관을 소재로 한 2차 창작물을 연재할 수 있는 게시판이 있었다. 그리고 후플푸프의 영예를 되찾고자 나도 해당 게시판에 소설을 하나 연재했다. 제목은 '마법의 브로치'였고 주인공은 무려… 나였다.

초등학교를 다니던 '나'는 굉장히 소심하고 내성적인 아이였다. 나이는 실재하는 나와 동일 나이로 설정했다. 얼마 전 열한 살 생일을 보내고 난 평범한 어느 날, 하교를 하던 나는 책가방에서 그동안 못 보던 브로치 하나를 발견하곤 브로치로 손을 뻗었다. 알고 보니 내가 열한 살 생일에 호그와트 입학 편지를 받지 못했던 것은 머글이어서가 아니라 신입생 입학을 주관하는 교감 선생인 맥고나걸 교수의 실수로 누락되었던 것이었다. '소심한 찐따 그녀, 알고 보니 이세계 마법소녀?!'스러운 플래그가 당시 초딩에게도 먹히고 있었다는 증거였다. 실수를 만회하기 위해 맥고나걸 교수가 나에게 호그와트까지 올 수 있는 포트키(순간이동 마법을 걸어놓은 물건)를 보낸 것이었고, 나에게 보내진 그 포트키는 바로 '브로치'였다.

브로치를 잡은 나는 영문도 모른 채 호그와트 앞마당인 해그리드(호그와트의 사냥터지기. 반¾ 거인이다)의 집 앞에 떨어졌다. 이 대목에서 나는 아주 큰 설정 위반을 해버리고 말았는데, 호그와트 내에선 순간이동 금지라는 기본적인 설정을 깨버렸기 때문이다. 보통은 호그와트와 가장 가까운 마을인 호그스미드까지 순간이동을 한 다음 호그와트까지 걸어가는 게 일반적이었지만 당시 초등학생이었던 나는 그런 것보단 한 큐에(?) 끝내버리는 게 더 쿨하다고 여겼던 듯하다. 그렇게 해그리드의 집 앞에 똑 떨어진 나는 나를 내려다보는 해그리드를 보곤 혼비백산하여 "거인이다!"를 외치며 호그와트의 대강당 쪽으로 도망쳤다. 나를 대강당으로 데려가기 위해 근처에 서 있던 맥고나걸 교수가 이 모습을 보곤 잘 인솔했다며 해그리드를 칭찬했다.

대강당에 도착하자 그곳에선 나만을 위한 기숙사 배정

식이 거행되었다. 나는 모자를 푹 눌러쓰고서 "후플푸프는 안 돼… 후플푸프는 안 돼…" 하고 중얼거렸다. 마법의 모자는 나를 파악하려는 듯 약간 고심하더니 "후플푸프는 안 된다고? 넌 후플푸프도 잘 어울리는데. 하지만 가만 보니 넌 아주 용감하군. 좋아, 그렇다면… 그리핀도르!" 하고 외쳤다. 나는 나를 위해 박수를 치고 있는 해리와 론과 헤르미온느의 사이에 쑥스럽다는 듯이 앉아 "안녕? 너희는 이름이 뭐니?" 따위의 대사를 지껄였다. 그렇게 그리핀도르에 들어간 나는 해리와 론과 헤르미온느와 둘도 없는 단짝이 되어 온갖 역경과 고난을 함께 헤쳐나가며 오래오래 행복하게 살았다… 는 내용이었다.

나의 야심 찬 첫 작품이었던 '마법의 브로치'는 흥행은커녕 조회수마저 0에 수렴하는 기염을 토했고, 모두의 관심에서 벗어난 비운의 작품이 되어버리고 말았다. 앞으로 언젠가 내가 소설을 쓰는 날이 온다면… '마법의 브로치'를 반면교사 삼아 나중에 고개가 절로 숙여지는 글은 절대 쓰지 않으리라 다짐했다.

애니메이션

덕후가

세상을 구한다

———

'덕후'는 일본어 '오타쿠ぉたく'를 귀엽게 표현한 '오덕후'의 줄임말이다. 지금은 덕후가 무언가 한 분야에 열정적인 사람을 칭하는 좋은 의미를 내포하고 있지만 불과 얼마 전까지의 덕후는 좀 더 좁은 의미로 일본 만화, 애니메이션에 광적으로 빠져 사회성이 약간 결여된 신기한 인간 정도로 취급받았다. 지금은 대중적인 애니메이션 작품들과 OTT의 발달로 밖에서 애니메이션을 보는 게 전혀 이상한 일이 아니지만 당시엔 집이 아닌 곳에서 애니메이션을 보는 게 사회적 왕따처럼 느껴지던 시절이었다.

몇년 전 소개팅을 했을 때 상대방의 젠틀하고 멋진 모습에 반해 이 남자와 잘해보고 싶다고 생각했다. 같이 밥을 먹을 때, 그는 오는 길에 지하철 옆자리에 앉았던 남자에 대해 열변을 토했다. "글쎄, 지하철에서 애니메이션을 보고 있었다니까? 웃기지 않아? 딱 질색이야." 오…. 이 멋진 남자와 잘되긴 글렀다고 생각했다. "그러게, 되게 웃긴다"라고 말할까 하다가 나 자신을 부정하는 느낌이 들어 그만뒀는데 지금 와서 생각해보니 '웃긴 사람'이 되는 건 나쁘지 않았을 것 같다. 오늘도 퇴근하고 집에 오는 길에 지하철에서 넷플릭스로 좋아하는 애니메이션을 틀어놓고 언제 봐도 명작이라며 눈물을 글썽였으니 말이다. 키메라 앤트 왕과 눈 먼 소녀의 순수한 사랑 이야기를 네가 알아? 사랑의 멋짐을 모르는 당신은 불쌍해요….

또 그 당시 나는 청소년 스포츠물 애니메이션에 빠져 있었다. 하루는 회사 점심시간에 동료들과 시간이 맞지 않아 휴게실에서 혼자 도시락을 먹고 있었다. 혼자 밥 먹기가 적적하여 핸드폰으로 애니메이션을 틀어놓고 보고 있으려니 뒤늦게 휴게실로 온 동료 언니가 내 핸드폰 화면을 보곤 "뭐야, 너 오타쿠였어?"라고 묻는 것이었다. 한 번도 나 자신을 오타쿠라고 생각해본 적은 없었지만 반항심에 "네, 저 오타쿠 맞아요"라고 내뱉었는데 그 순간 왠지 모를 쾌감에 휩싸였다. 인정하니 편했고 좀 더 오타쿠스럽게 행동해도 괜찮을 것 같았다.

"언니, 이거 알아요? 요즘 제가 보는 애닌데 진짜 재밌어요. 주인공이 자전거 시합 중에 넘어져서 팀하고도 떨어지고 엄청 뒤처졌는데 좋아하는 애니 오프닝곡을 부르면서 힘이 나서 다시 따라붙어요. 그 애니 속 애니의 주인공 이름은 히메인데요. 아, 히메는 일본어로 공주라는 뜻이에요. 여기가 진짜 명장면인데. 보여드릴까요?"
"… 아니, 너 많이 봐."

이 만화는 그렇게까지 덕내 나는 애니는 아닌데 줄거리를 얘기해주면 다들 손사래를 치며 도망갔다. 그래서 이 날 이후로 나는 주로 '그래, 나 씹덕후(?)니까 건들지 마'의 의미를 표명하고자 할 때 해당 애니메이션을 이용했다.

물론 자전거 애니도 좋아했지만 당시 내 사랑을 가장 많이 받고 있던 건 한 배구 애니메이션이었다. 이 만화를 통해 배구 규칙을 배웠다. 난 일단 기본적으로 공을 이용한 모든 운동엔 젬병이었다. 공을 피해야 하는 종목에선 공이 내쪽으로 오면 몸이 굳었고 공을 잡아야 하는 종목에선 몸이 제멋대로 공을 피해 다녔다. 이랬던 내가 처음으로 구기 종목을 배워보고 싶다고(만) 생각했다. 최근엔 해당 애니메이션 극장판이 개봉을 해서 N회차를 돌며 주마다 바뀌는 주말 특전을 모으는 재미에 빠져버렸다. 처음엔 이런 걸 주는지 몰라서 아깝게 영화만 보고 나왔는데 늦게 배운 도둑질에 시간 가는 줄 모른다고, '아니, 이건 작가가 직접 그린 거라 받아야 해!', '아니, 저건 시중에서 판매되지도 않는 33.5권이잖아!' 하는 식으로 천천히 돈을 탕진하고 다녔다. 그리고 다음 극장판이 개봉할 때쯤엔 일본에 직접 가서 일본어판 특전을 받아 오는 것을 목표로 세웠다. 일본어를 배워놓고 써먹지 않는 건 아까운 짓 아닌가? 번역 없이 작가가 의도한 의미 그대로를 이해하는 것이야말로 진정한 덕질이로소이다.

요즘엔 비슷한 결의 소년 만화가 많다 보니 세계관의 최강자들끼리 싸우면 누가 이길까 궁금해지기도 한다. A 만화는 인간에게서 흐르는 생명 에너지인 '아우라'를 매개 삼아 단련하여 능력으로 사용한다. B 만화는 인간의 부정적인 감정에서 생겨나는 '주력'을 능력으로 삼아, 마찬가지로 인간의 부정적인 감정에서 태어난 '주령'을 물리친다. C 만화는 '호흡'을 사용하여 인간의 피를 먹는 '혈귀'를 물리친다. 곤란한 점은 B 만화의 이러이러한 장면에서 이런 힘의 부족으로 주인공 패거리가 져버리고 마는 상황에서, '그럼 이럴 때 이런 능력이 있는 A 만화의 누가 같이 싸웠다면 이겼겠지? 아쉽다!' 하는 덕후스러운 생각이 자꾸만 든다는 것이었다.

　아무리 비슷한 설정들이 있다고 해도 각각의 세계관과 등장인물들의 서사를 보면 "작가 천재!"라는 말이 절로 튀어나온다. 뭔가를 상상해서 한 세계관을 만들어낸다는 건, 그 세계관을 이용하여 몇 년 씩이나 장편으로 이야기를 끌고 간다는 건 정말이지 쉽지 않은 일이기 때문이다. 나는 특히나 이 부분에 쥐약인데, 실제로 겪어보지 않고서 어떻

게 상상만으로 존재하지 않는 세계 하나를 통째로 만들어
내는지 말이다. 하물며 외계인조차 인간에게는 미지의 존
재이나, 사람은 한 번도 경험해보지 못한 형상을 상상하기
어렵기 때문에 결국 인간의 모습을 조금 비틀거나 변형한
방식으로 그려낸다고 하지 않나. '물의 호흡' 같은 검술은
대체 어떻게 만들어내는 걸까. 내게 호흡이란 숨쉬기가 전
부인데 말이다.

　평소에 누가 "이 만화에서 네 최애 캐릭터가 누구야?"라
고 물어보면 "그런 건 없다"고 대답하며 생각했다. '후훗,
가소롭군. 등장인물 모두가 내 최애인 것을….' 그런데 어
느 날 나의 이런 마음을 비웃는 일이 벌어졌다. 나는 만화
를 먼저 TV나 영화 애니메이션으로 접했다가 아직 애니
메이션으로 나오지 않은 다음 편이 궁금하면 그때 만화책
을 보는 타입이었다. 그날도 어김없이 끊긴 애니메이션의
뒤 내용이 궁금하여 만화책을 보고 있었는데 해당 세계관
의 최강자라 불리던 캐릭터가 죽어버리는 사건이 발생하
게 되었다. 능력이 말도 안 되게 세서 그 캐릭터가 없으면
이때까지 감히 덤비지 못했던 적들이 세계의 우위를 점하

고 인간을 멸해버릴 거라는 소리까지 나올 정도로 무시무시한 우리 편이라 얼마나 든든했는지 모른다. 정말 단 한 번도 죽으리라 예상치 못했던 인물이었다. 그런데 작가가 그런 캐릭터를 죽여버린 것이었다! 그날 나는 곡기를 끊었다. 도저히 밥이 목구멍으로 넘어가지 않았다. 애(어느새 내 '애'가 되어버렸다)는 세계를 구하다 죽었는데 내가 감히 밥을 먹음으로써 생명 연장에 일조하는 행위를 해도 되는 것인가? 마음이 싱숭생숭하고 일이 손에 잡히지 않았다. 죽고 나서야 '얘가 내 최애였구나' 하고 깨달았는데… 깨달았을 땐 이미 너무 늦어버렸다. 살아 있을 때 더 마음껏 사랑해주지 못한 스스로에게 화가 났다. 그래서 작가 욕을 해보기도 하고 팬들이 재창조한 해피 엔딩 버전 스토리를 보고 대리 만족을 하기도 했다.

혼자 좋아한다고 생각했던 순간에도, 함께 웃고 즐기고 욕해주는 사람들을 보며 '나만 이런 게 아니구나' 하는 안도감도 얻었다.

요즘은 나 자신을 '덕후'라고 표현하기를 주저하지 않는다. 요즘은 세상이 참 좋게 변하여(?) 무언가에 열중하는 사람을 '―덕'의 접미사를 붙여 부르기도 한다. 항공기를 좋아하는 사람을 줄여 '항덕', 책을 좋아하는 사람은 '책덕'. 그리고 이런 표현을 본인에게 붙여 스스럼없이 사용하기도 한다. '덕후가 세상을 구한다'라는 말도 있지 않은가? 무언가를 좋아하고 열중하는 마음만큼 긍정적이고 멋진 마음도 없을 것이다.

굿즈

돈으로 살 수 있는
행복

덕질에 빠질 수 없는 게 있다면 그건 바로 소비다. 좋아하는 것을 할 때 행복하다면 우리는 그 행복을 좇아 마땅하다. 물론 가장 중요한 것은 덕질하는 대상, 바로 콘텐츠이지만 덕후는 콘텐츠를 즐기는 것만으로는 만족하지 않는다. 덕질의 열정을 한 손에 담아낼 수 있는, 실체가 있는 증거가 필요하다. 덕질하는 대상을 향한 애정의 물리적 표현물…. 스타벅스와 헌터가 컬래버하여 품절 사태를 일으켰던 바로 그 우비를 입고 있는 스벅 곰돌이 키링? 어머, 저건 사야 해! 내가 좋아하는 판타지 소설 표지가 김

땡땡 일러스트레이터님의 작업물로 리커버 됐다고? 심지어 책갈피까지 증정한다고? 이건 못 참지! … 그렇게 이미 있는 책도 또 사고 보는 것이다. 이성은 무너뜨리고 감성만이 남아 나를 지배하도록 하는 것. 우리는 그것을 굿즈라 부르기로 했다.

굿즈와 인연이 있는 것인지 몇 년 전에 굿즈 판매 아르바이트를 한 적이 있었다. 아티스트의 콘서트나 팬미팅에서 소속사들은 굿즈를 판매하기 위해 유통 대행사와 계약해 판매를 맡겼는데, 바로 그 대행 업체에서 아르바이트를 한 것이다.

마음씨가 좋은 한 소속사는 우리가 일할 때 입었던 샘플용 굿즈 티셔츠를 그냥 주는가 하면(대부분은 반납해야 한다), 소속 아티스트가 론칭한 코스메틱 브랜드의 화장품을 선물로 주기도 했고 남는 티켓이 있으면 쉬는 시간에 보고 오라며 콘서트 티켓을 돌리기도 했다. 몇 년 후인 지금 생각해봐도 참으로 인심 넘치는 소속사가 아닐 수 없다. 그렇기에 해당 소속사는 모든 아르바이트생들이 일하고 싶어 하는 소속사 1순위였다. 그래서 우리집엔 항상 그 소속사 아티스트들의 굿즈 티셔츠가 넘쳐났는데, 이 티셔츠들은 친구들이 우리집에 놀러와서 자고 갈 때 그들의 잠옷으로 유용하게 쓰였다. 사정을 모르는 친구들은 이렇게 아끼는 것을 내가 입어도 되느냐, 한 소속사만 덕질하는 팬들도 있다던데 너는 이 소속사의 팬이로구나, 하였다. 알바생의 입장으로서 딱히 틀린 말은 아니었기에 부정하지 않았다. 참고로 학창 시절, 그 소속사는 나의 '오빠들'의 라이벌 그룹의 소속사였기에 싫어했었지만 머리가 좀 크고 나니 오빠들이고 뭐고 돈과 물질 앞에 장사 없이 나의 최애 소속사가 되어버렸다.

그 무렵 그 소속사 말고도 다른 소속사의 아이돌 그룹 행사에 몇 번 참여한 적이 있었다. 그 아이돌이 해외에서 비상하던 중에 열린 콘서트라 규모가 유독 컸다. 내가 다녀 본 행사 중, 페스티벌을 제외하면 이렇게 규모가 큰 단독 콘서트는 처음이었다. 그 전까지는 적당한 규모의 콘서트장에서 하루이틀 정도 하는 게 다였다면 이번엔 대규모 돔구장에서 3일이나 연달아 했다. 굿즈 개수도 이전보다 몇

배로 늘어나 있었다. 멤버 수도 많다 보니 단일 품목만 거의 100개에 육박했다.

대부분의 굿즈 판매 부스는 실외에 간이로 세워놓는 경우가 많은데 불행히도 그때는 한겨울이었다. 그리고 팬들과 우리들에겐 더더욱 불행히도 눈비가 쏟아졌다. 눈이 안 내리면 비가 왔고 비가 안 오면 눈이 내렸다. 규모가 큰 만큼 일하는 인원도 많았고 그들을 통솔할 인원도 많이 필요했다. 몇 년 전이라 정확한 인원은 잘 기억나진 않지만 아마 한 조당 여섯 명씩 총 열두 개 조였을 것이다. 그리고 나는 이때까지 열심히 일하고 열심히 티셔츠를 얻어 입은 죄로 한 조의 조장 직책을 맡게 되었다. 오전 8시에 출근해 포스기 테스트와 판매 물품 정리, 조원들 관리와 보고까지 마치면 부스 개장 준비가 완료되었다. 오전 10시쯤 부스를 오픈하면 콘서트가 시작되는 오후 7시 전까지는 화장실에 갈 새조차 없이 바빴다. 전날 밤부터 굿즈를 사기 위해 노상에서 밤을 샌 팬들이 수백, 수천이었기에 줄이 끊이지 않았다(이렇게 밤을 새서 굿즈를 사고 콘서트까지 될 체력이 된다는 게 신기했다. 역시 덕후 파워). 줄 관리는 경호 업체에서 해주셨기에 우리는 판매에만 신경쓰면 되었다. 콘서트가 시작되고서 두 시간 정도는 화장실도 가고 밥도 먹고 퉁퉁 부은 발을 쉬게 해줄 수도 있었다. 콘서트가 끝나면 후판매를 할 때도 있고 판매 추이에 따라 그대로 끝낼 때도 많았지만, 이번엔 굿즈를 못 사고 콘서트장에 들어간 팬들이 워낙 많아 3일 내내 후판매를 진행하게 되었다. 후판매까지 마치면 다음 날 판매할 물품을 창고 부스에서 판매 부스까지 옮겨와야 하고 조원들의 금일 매출 보고까지 끝내야 비로소 퇴근할 수 있었기에 퇴근 시간은 자정 무렵이었다.

하루에 열여섯 시간씩 3일을 연달아 일하니 온몸이 바스라질 것 같았다. 특히나 눈비 휘몰아치는 한겨울이라 고생도 그런 개고생이 없었다. 첫날 뭣도 모르고 양말을 한 켤레만 신고 갔다가 동상에 걸릴 뻔했다. 큰 깨달음을 얻고 둘째 날부터 양말을 세 겹씩 겹쳐 신고 갔으나 빗물 웅덩이를 잘못 밟아 신발이며 양말까지 푹 젖은 채로 얼어버려 정말 발가락을 잘라내야 하는 건 아닐는지 진지한 걱정도 했었다.

내가 조장을 맡은 조의 조원들은 같은 대학 동기들이라고 했다. 방학을 맞아 용돈 벌이 겸 다 같이 아르바이트를 하는 거였다. 20대 초반의 남자애들이었다.

"조장님! 여기 좀 봐주세요! 손님이 자꾸 여기에 없는 걸 달라고 하시는데요."

"손님, 어떤 게 필요하세요?"

"저 수환이 아크릴 스탠드 B형이랑 윤석이 키링 C형이요."

"21번이랑 39번 찍으시면 돼요."

"이름이 다른데요?"

손님이 말한 수환이와 윤석이(가명)는 멤버들의 활동명이 아닌 본명이었다. 이때까지의 경험으로 팬들이 팜플렛에 있는 그대로의 이름, 즉 활동명을 말하지 않고 본명으로 불러준다는 사실을 알았기에 나는 진즉에 여러 아이돌들의 본명을 꿰차고 있었다. 심지어 별명으로 부르는 팬들도 있었다(이거 아직 쿠키 것도 남아 있나요?). 못 알아들으라고 일부러 그러는 것이 아니라 팬들 사이에선 이게 자연스러운 일이었던 것이다. 더군다나 이곳은 그들이 합법적으로 일코(일반인 코스프레)를 해제해도 되는 콘서트장이 아닌가! 나도 아르바이트 초반엔 '죄송하지만 활동명으로 말씀해달라' 했으나 너무나 자주 반복되는 상황에 그냥 외워버리고 만 것이었다.

"누나, 솔직히 말해봐요. 이 그룹 팬이죠? 어떻게 본명을 다 알아요?"

"내가 팬이면 저 안에 들어가 있지 왜 여기 있겠어요?"

사실 유튜브에서 우연히 해당 아이돌의 영상 하나를 보고선 "미쳤다, 어떻게 춤을 이렇게 춰?"를 연발하며 온갖 뮤직비디오며 직캠을 섭렵하였지만 입 다물고 있었다.

첫날은 조별로 판매를 따로 진행했는데, 조마다 굿즈 수량은 같아도 판매되는 물품이 다르니 어떤 조에는 품절된 것들이 어떤 조에는 대량으로 남아 있기도 했다. 그래서 누구는 구매하지 못한 품목을 더 늦게 줄을 선 일행이 구매하는 일이 빈번해지자 컴플레인이 연달아 발생했다. 그래서 둘째 날부터는 열두 개 조의 물량을 하나로 합쳐 1~6조까지의 줄에서는 계산을 하고, 7~12조까지 줄에선 계산한 영수증을 보여주면 물품을 수령하는 공동 운영 방식으로 바꿨다. 그런데 이 운영 방식에도 치명적인 단점은 존재했다.

케이팝 열풍이 불던 때이니만큼 콘서트를 보러 오는 사

람들의 3할 이상은 외국인이었다. 아르바이트생 중엔 중국 유학을 다녀와 중국어를 잘하는 언니들은 많았는데, 일본어를 하는 사람은 나밖에 없었기에 일본인 고객은 나 혼자 담당해야 했다.

조원들 뒤에서 백업을 해주고 있는데 팀장님의 호출이 떨어졌다. 일본 손님 컴플레인이었다. 얘기를 들어보니 다른 계산 조에서 계산을 하고 물품 수령 라인으로 넘어가 영수증을 확인 받던 중 하필 그새 품절된 굿즈가 있었던 것이다. 그래서 수령 조 알바생이 손님한테 다시 계산 라인으로 넘어가서 해당 품목 환불 처리를 받고 오라고 한 거였는데, 영수증을 받은 계산 조 알바생은 한 품목만 별도 환불 처리는 불가하니 전체 취소 후 해당 품목을 빼고 재결제를 하려 했다. 그런데 문제가 거기서 발생했다. 재결제 시도 때 잔액 부족이 뜬 것이다. 카드 취소 처리를 하면 거의 바로 환불되는 우리나라 체크카드 시스템과 달리, 일본 카드는 다시 돈이 입금되는 데까지 시일이 소요된다는 사실을 어느 누구도 알지 못했다. 일본 손님은 말이 안 통하니 그저 하라는 대로 영수증과 카드를 건넸을 것이고 영수증 취소 처리를 하던 알바생도 일본어가 안 되니 가타

부타 설명 없이 매뉴얼대로 처리를 하려 했을 것이다. 해외에서 온 팬들은 한 번에 몇십만 원은 기본이고 100만 원이 넘게 사가는 경우도 더러 있었는데 그 손님도 대략 60만 원어치를 긁었던 참이었다. 그런데 카드 취소 처리를 해버려 60만 원이 중간에 묶여버린 것이었다. 결제를 할 수 있는 다른 카드도, 현금도 없었고 카드사에 전화를 해봐도 1~2주일 기다리라는 답변을 받은 게 다였다. 이미 카드 취소를 해버렸기 때문에 물품을 내줄 수도 없었다. 팀장님께 도움을 요청해봐도 뾰족한 방법은 없었다.

"여기까지 했으면 우리 선에서 더 이상 해줄 수 있는 건 없어. 나중에 온라인으로 풀리기도 하니까 소속사 홈페이지 확인해보시라고 해."

나는 앵무새처럼 그 말을 손님에게 그대로 읊을 수밖에 없었다. 손님은 울면서 "최악이네요"라는 말을 내뱉은 채 굿즈를 담으려 들고 왔던 캐리어와 함께 부스를 뛰쳐나갔다.

나도 덕질과 굿즈를 사랑하는 사람이다. 홈페이지에 선공개 된 물품과 가격을 확인하고 무엇을 살지 정하고 그에

딱 맞게 돈을 준비해 왔을 것이다. 아티스트를 사랑하는 마음 하나로 콘서트 티켓을 예매하고 한국행 비행기 티켓을 끊고 굿즈를 사려고 준비했을 것이다. 운명 또는 타이밍의 여신이 장난을 친 것이라면 꽤나 악독했다. 일부러 비워두고 온 캐리어 반쪽은 씁쓸하게도 그대로 비워둔 채 일본으로 되돌아갔겠지. 손님이 마지막으로 내뱉고 간 말은 그날 내린 눈비와 함께 내 마음속에 오래도록 남아 꽁꽁 얼어붙었다.

굿즈 판매 아르바이트는 이때까지 해봤던 그 어떤 일 중에서도 체력적으로 가장 고된 일이기도 했지만, 가장 오래도록 내 마음을 붙잡아두고 괴롭힌 일이기도 했다. 좋아하는 마음이 커질수록 실망하는 마음도 커지는 법이겠지. 그 일이 있은 후로부터 수년이 지났지만 지금까지도 생생하게 기억하는 마음으로 미안함을 대신해본다.

책 쓰기를 멈추지 못하는 나,

정상인가요?

———

첫째가 세상에 나온 지 2년 정도가 흘렀다. 출판 업계 사
람들과 작가들은 책을 출간하는 일이 아이를 낳은 뒤의 소
회와 비슷해 종종 책 출간을 출산에 비유하곤 한다.

예전의 나는 작가가 되고 싶었다. 더 자세히 말하자면 '작
가'라는 타이틀 말이다. 마누스 출판사와 '치유의 글쓰기'라
는 주제로 인터뷰를 한 적이 있는데 그때 나는 글을 쓰다가
책을 내고 싶다는 생각을 한 게 아니라, 책을 내고 싶다는
생각을 먼저 했기 때문에 어쩔 수 없이 글을 써야만 했다는

말을 한 적이 있었다. 반은 농담이었고 반은 진담이었다. 책을 내고 싶어 주제를 찾고 거기에 맞는 글을 썼다. 물론 한 번에 훅 써 내려간 건 아니었다. 무려 3년에 걸쳐 쓰고 고치고 뒤엎고 수정했다.

그렇게 원하던 작가 타이틀을 단 지금이지만 아직도 작가 소리가 어색하다. 왜냐하면 나는 책을 내기 이전과 달라진 게 아무것도 없기 때문이다. 굳이 집 안에서 큰 차이점을 찾아보자면 책꽂이에 똑같은 책(내 책)이 몇 권 더 꽂혀 있다는 것 정도. 남들이 와서 보면 "똑같은 책을 왜 이렇게 많이 샀어?"라고 말할 정도에 지나지 않는, 딱 그만큼. 책을 내서 큰 명성을 얻은 것도 아니고 그렇다고 경제적으로 큰 부를 창출한 것도 아닌, 나는 그저 똑같은 책을 여러 권 가진 사람이 된 것에 불과했다. '낮에는 평범한 회사원, 퇴근 후엔 베스트셀러 작가?!' 같은 게 성립하려면 일단 내가 베셀 작가가 되어야 하는데 그러지 못해 위의 문장은 성립되지 않았고, '죽싶떡먹' 급의 센세이션을 일으키지도 못했으니 세상엔 나의 책을 아는 이보다 모르는 이가 몇만 배, 몇십만 배는 더 많을 것이다. 그리고 설령 나의 책을 아는 이라 하더라도 개중엔 내 글을 싫어하는 사람도 분명 있을 수 있다는 것을 인지해야 한다. 처음으로 악플이 달렸을 때, 악플과 진배없는 심한 말을 들었을 때, 내 글이 모욕 당하는 기분은 마치 내 새끼를 모욕하는 기분과 같았다. 물론 난 새끼를 낳아본 적은 없지만… '그런 기분'이지 않을까 싶은 것이다.

책은 나에게 특별한 존재다. 『웰컴 투 패닉 에어포트』를 읽어본 분들이라면 아시겠지만 어린 시절 엄마의 월급 날은 엄마와 언니 손을 잡고 다 함께 서점에 가는 날이었다. 엄마와 언니는 책을 좋아했다. 사실을 하나 고하자면 당시 나는 책을 별로 좋아하지 않았다. 엄마와 언니 사이에서 '북스라이팅'을 당해 내가 책을 좋아하는 거라고 착각하고 살다가 진짜로 책이 좋아져버린 케이스였다. 그리고 책을 좋아하는 사람이라면 으레 '나도 책을 써보고 싶다'는 생각이 따라오기 마련인 것 같다.

나 같은 병아리 작가 나부랭이가 감히 출간에 대해 이러쿵저러쿵 잘난 체를 하려는 건 아니고, 그저 똑같은 책을 많이 가진 한 사람으로서 조금 미리 경험한 것을 말해보자면, 정말 놀라울 정도로 아무것도 바뀌지 않았다. 퇴고하며 이미 진이 다 빠져버렸기 때문에 막상 책이 나온 뒤엔 별생각이 들지도 않을뿐더러 들었다고 해서 세상이 크게 바뀌지도 않았다. 영상 매체나 사진에 주로 노출되는 인플루언서들이야 길을 가다 사람들이 알아볼 수도 있겠지만 글로써 나를 세상에 알리는 대개의 작가들은 그런 것조차 없다. 가끔 서점에 들렀을 때 "어머, 홍만춘 작가님 아니세요? 팬이에요!" 하며 장난을 치는 친구들 빼고 말이다. 영상이나 사진에 비해 글에 대한 수요가 현저히 적은 것도 한몫한다. 실제로 정말 모르는 사람이 소위 '팬'임을 자처하며 나에게 다가온다면 어떻게 반응해야 하나 생각해본 적도 있다. 내 MBTI는 INFJ인데, 인터넷에 INFJ를 검색하면 이런 결과가 나온다.

주목받기 싫어하는 관종.

소심한 관종.

난 이런 식의 문장들을 좋아한다. 모순되는데 웃기고 반전 있는 말들. 그리고 '주목받기 싫어하는 관종'은 딱 나를 지칭하는 말이다. 주목받기 싫은데 주목받고 싶다. 그리고 나보다는 내 글이 더 주목을 받았으면 좋겠다. 그래서 나는 아직도 배가 고프다. 더 재밌고 즐거운 글을 쓰고, 더 많은 사람들의 마음에 위안을 주고 힘을 주는 글을 쓰고 싶다.

지금의 내 꿈은 책을 두 권 낸 작가다. 물론 두 권을 내면 세 권 낸 작가가 꿈이 될 테고 세 권을 내면 네 권 낸 작가가 꿈이 되겠지. 그리고 난 다른 종류의 똑같은 책을 전보다 더 많이 가진 사람이 될 테고.

아무것도 변하지 않아도, 달라지는 게 없어도, 멈추지 않고 계속해서 쓰는 나, 정상인가요?

치트키 누르지 않고
현생에서 살아남기

현실을 살아가며 게임 속 세상처럼 단축키 하나로 모든 것을 뚝딱 해결할 수 있다면 얼마나 좋을까, 하고 상상해 본 적 있는가? 유치하다고 생각하겠지만 나는 있다. 출퇴근길 지하철을 타거나 유명한 맛집에 줄을 설 때면 사람이 너무 많아 다른 채널로 옮기고 싶다는 생각을 종종 했으며, 일이 잘 풀리지 않을 땐 모든 장애물을 해치워버릴 수 있는 치트키가 절실히 필요했다.

삶은 마치 게임과 같다. 초보자 모드에서 시작해 점점 난도가 높아지고 매일 새로운 퀘스트와 도전에 직면한다.

게임 속 플레이어가 더 강해지기 위해 레벨 업을 하고 장비를 모으는 것처럼 우리는 크고 작은 경험과 배움을 통해 성장한다. 현생에도 치트키가 있다면 얼마나 편할까?

삶에서 일어난 몇몇 순간들이 사실은 치트키였다고 생각해보면 어떨까? 장애물에 걸려 위기에 처했으나, 치트키를 쓴 것처럼 결국은 해피 엔딩을 맞이하게 된 순간들 말이다. 예상치 못한 행운, 노력의 결실, 혹은 누군가의 도움 덕분에 인생이라는 게임에서 잠시나마 '무적 모드'를 경험하는 순간들. 그런 순간들은 우리에게 단순한 운 이상의 의미를 남긴다. 때로는 긴 시간과 고통을 동반하더라도 말이다.

'나'라는 캐릭터의 스킬 창 중 '인간관계' 카테고리에서 레벨 업 치트키가 설계된 사연이 하나 있다. 당시 나는 웹 디자이너로서 첫 회사에 근무하고 있었다. 스물세 살이었고, 스물한 살의 나이에 입사해 이제 꼬박 2년을 보낸 사회 초년생이었다. 사회생활에 서툴렀고 인간관계의 갈등을 슬기롭게 극복하기엔 너무 어린 나이였다. 아마 누군가

와의 갈등은 예견된 수순이었을지도 모른다.

어느 날부턴가 팀장님의 꾸중이 지속되었고 이전부터 자연스럽게 해오던 행동들이 갑자기 문제가 되었다. 예를 들면 디자인 시안 작업 후 선임에게 컨펌을 받고 팀장에게 최종 컨펌을 받은 뒤 작업물을 어드민(Admin, 백오피스, 관리자 페이지)에 올리는 프로세스를 거쳐야 하는데, 퇴근 시간 후에 시안이 완성되어 팀장님이 이미 퇴근을 한 뒤라면 선임에게만 컨펌을 받고 일단 어드민에 올린 뒤 다음 날 팀장에게 추가 보고를 하는 것이 관행처럼 여겨지고 있었다. 하루는 퇴근 시간 후 작업을 완료하여 별생각 없이 선임에게만 컨펌을 받은 뒤 시안을 어드민에 올리고는 퇴근하였다. 그리고 다음 날, 출근하자마자 길길이 날뛰는 팀장님을 마주해야만 했다. 그는 나에게 '그렇게 팀장 컨펌 없이 시안 작업 할 거면 네가 한번 팀장을 해보지 않겠느냐'는 감격스러운 제안을 하더니 그 일환으로 당장 시말서를 써서 올리라고 하였다. 나는 감격의 눈물을 흘리며 '팀장님을 기만하여 죄송하다'는 내용을 길게 늘려 쓴 시말서를 제출하였으나 나를 팀장으로 승격시켜주는 일은 없었다. 이것은 새로운 형태의 기만이 틀림없었다. 팀장님은 나를 기만했으면서도 본인은…

> — 네가 한 디자인이 마음에 들지 않으니 여기에서 추가 수정할 생각하
> 지 말고 처음부터 새 창 열어서 다시 해라.
> ※조건 : 밤 9시까지 남아서 하고 갈 것.

… 과 같은 퀘스트를 잘도 던져놓았다. 다들 잘 알 테지
만 회사 NPC가 내주는 퀘스트는 거절 버튼이 없다. 나는
나의 이 넘치는 기쁨을 퀘스트를 수행하는 열정으로 승화
시켰다. 9시까지 남아서 하고 가라 하면 10시에 퇴근을 했
고, 중요한 시안이 아닌 일반 시안조차도 정성 들여 중요
한 시안처럼 디자인했다. 물론 모든 시안을 그렇게 했다간
제때 마감을 못 지킬 게 뻔했지만 어차피 나는 밤 10시에
퇴근하니 상관없었다. 그러던 중 한 시안이 팀장님의 눈에
띄었는지 새로운 퀘스트 알림이 떴다.

> — 만춘 씨, 이 시안 되게 좋네요. 이거 디벨롭해서 사내 베스트 디자인
> 콘테스트 응모해볼 거니까 여기, 여기, 이렇게 수정해주세요.

분명 이전과 별다를 것 없는 퀘스트인데 무언가 바뀌었다. 분명 내 디자인이 '좋다'고 했고 팀에서 딱 한 시안만 응모할 수 있는 사내 베스트 디자인 콘테스트에 내 디자인을 응모하겠다고 했다. 나는 어리둥절하면서도 몸 둘 바를 모를 정도로 그 말이 좋았다. 팀장님을 실망시키고 싶지 않았다. 팀장님은 사실은 좋은 사람인데 날 고통으로 성장시키게 만드는 역할을 부여받은 NPC인가? 역시 회사에서는 내내 좋은 사람이다가 한 번 어긋나면 '그 사람은 원래 이상한 사람이야'가 되고, 미친놈으로 살다가 한 번 잘해주면 '그래, 걔가 원래는 좋은 애야'가 되는 것인가? 결국 그렇게 팀장님의 조언으로 수정해서 응모한 시안이 사내 베스트 디자인 콘테스트에서 1등을 하게 되었고, 나중에는 "만춘 씨 디자인이 팀 내에서 제일 좋다"는 칭찬을 퀘스트의 보상으로 받게 되었다.

물론 10여 년이 흐른 지금 와서 생각해보면 그도 어른스럽지 못한 방법으로 대응했었던 것 같다. 하지만 나의 어떤 행동이나 말이 그의 역린을 건드렸을 것이고, 아직 사회생활이 미숙했던 나는 그에게 안 좋은 인상을 남겼을 것이다. 하지만 후임은 꾸준히 성실한 모습으로 결국은 성과를 내었고, 상사는 그 모습을 인정하고 직원을 독려함으로써 성숙한 관계 회복을 이루어내었다. 그리고 이 일로 인해 나의 '인간관계' 카테고리가 한 단계 레벨 업 하였음은 부정할 수 없음이다.

물론 이 성장이 치트키라면… 게임 속 치트키는 클릭 한 번, 단축키 한 번으로 짜잔, 하고 결과물을 내놓는 것에 비해 실전의 치트키는 꽤나 사람을 사서 고생시키는 방향으로 이끌어내고 있는 게 틀림없다.

게임을 할 때마다 가장 먼저 떠오르는 유혹은 바로 치트키였다. 치트키는 게임 속 규칙을 우아하게 쌩까며 플레이어들이 모든 것을 손쉽게 얻도록 만든다. 단숨에 모든 장애물을 파훼하고 무한한 재력이 샘솟는 능력이라니, 이 얼마나 무해하고 완전한 능력인가? 하지만 현실 속 치트키는 운 좋게 노력 한 번 없이 모든 일이 게임처럼 술술 풀리게 할 수도 있지만 큰 고통을 동반할 수도 있다. 그리고 정말 아쉽게도 나의 인생에 설계된 치트키는 그냥 한 번에 쉬운 길로 가도록 할 수는 없는 모양인지, 나는 퀘스트 하나를 달성할 때마다 꽤나 반복되는 고통을 겪어야 했다.

치트키 같은 순간들이 인생에 찾아올 때마다 우리는 잠시 숨을 고르고 새로운 퀘스트에 나설 용기를 얻는다. 하지만 그런 순간들은 늘 짧고, 치트키의 쿨 타임(게임 용어 중 하나로, 재사용 대기 시간)은 길다. 그리곤 금세 일상의 난관들이 다시 찾아온다. 그런 난관들을 클리어해나갈 때마다 새로운 치트키 버튼을 사용할 수 있는 쿨 타임이 차기도 하며 우리를 계속해서 성장의 길로 이끌어나간다.

'IDDQD'라는 말을 들어본 적 있는가? 나도 어디서 유래된 말인지 모르고 있다가 최근 검색을 해보고 나서야 알게 되었다. 주방 세제의 대명사로 유명한 '퐁퐁'이 있는 것처럼, 나는 IDDQD를 주로 치트키라는 용어의 대명사처럼 쓰고 다녔는데, 알고 보니 이 IDDQD는 '둠DOOM'이라는 게임 시리즈의 치트 코드라고 한다. 게임 내에서 이 치트 코드를 입력하면 체력이 100퍼센트로 회복되며 무적이 되는, 그야말로 전설적인 치트키라 할 수 있다. 현실 속에서도 상처 받거나 무너지는 순간들이 올 때 IDDQD를 외치며 다니고 싶지만, 우리는 우리의 삶에서 설계된 치트키의 쿨 타임이 차기를 기다려야만 한다. 그리고 그 치트키는 내가 노력으로 이루어낸 마지막 단계에서의 최종 버튼이 될 수도 있고 노력 없이 이루어 낸 행운일 수도 있다.

지금 당장은 삶이 힘들고 괴롭다고 생각되어도 쿨 타임이 차기를 기다리자. 5년이 걸릴지, 10년이 걸릴지는 알 수 없지만 그 순간은 반드시 온다. 당신 인생의 치트키 버튼이 찬란히 빛나는 순간이 말이다.

가득찰 만滿,

봄 춘春

설마 홍만춘이 내 본명이라고 생각하시는 분은 없을 테지만 그래도 혹시 몰라 말씀드리자면 홍만춘은 필명이다. 주위 사람들은 내 범상치 않은 필명에 크게 놀라거나 배꼽을 잡거나 둘 중 하나인데, 그 많은 예쁘고 참하고 멀쩡한 이름 중에 하필 '그런' 걸로 지은 이유가 있느냐는 것이었고, 나는 해명하기 바빴다. 사실 만춘이라는 이름 자체는 친구가 내 인형에게 붙여준 것이며 그것을 내가 필명으로 갖다 썼다.

이야기는 지금으로부터 어언 6~7년 전으로 거슬러 올라
간다. 나는 아끼던 곰인형 두 마리와 함께 자취를 하고 있
었다. 한 마리는 당시 아르바이트하던 잡화점에서 사온 애
였는데 눈을 감고 잠을 자는 모습을 하고 있어서 '쿨쿨이'
라고 이름 지어줬다. 그리고 한 마리는 오키나와에 여행을
갔다가 데려왔다. 쿨쿨이와 똑같은 모양새에 덩치만 두 배
가량 커진 아이가 마트 가판대에 놓여있길래 이건 운명이
라며 냅다 집어 왔다. 그리고 이름을 어떻게 지어줄까 고
심하다가 쿨쿨이와 이름까지 세트로 하고 싶어 '꿀꿀이'라
명명했다. 곰인형에게 꿀꿀이라니 참으로 언밸런스한 조
합이지만 둘은 외형도 이름도 한 세트처럼 보임으로써 엄
마(나)에게 큰 기쁨을 주었다.

그러던 어느 운명의 날, 친구 신선이가 우리집에 놀러
왔다가 쿨쿨이와 꿀꿀이를 보게 되었다. 나는 신선이에게
둘을 정식으로 소개시켜주었고 신선이는 뭔가 마음에 들
지 않는 눈치였다.

"애네는 한국식 이름은 따로 없어?"

"그런 건 없어."

"그럼 내가 지어줄게."

"괜찮아. 얘넨 영원한 쿨쿨이와 꿀꿀이야."

"작은 애는 만춘이."

"… 지금 무슨 소릴 하는 거야?"

"큰 애는 떡배."

나는 그게 뭐냐며 기함을 했다. 심지어 떡배는 '덕배'일 것이나 신선이는 꼭 '떡배'라고 발음했다. 그때는 카카오 프렌즈의 '춘식이'도 없을 때였고, 이런 촌스러운 이름으로 반려동물 이름을 짓는 것이 유행하기 전이라 더더욱 거부감이 들었다. 나는 친구의 소름 돋는 의견을 기각하였고 다시는 그 입에 만춘이와 덕배를 올리지 않겠다는 조건으로 집에서 내쫓지 않을 수 있었다. 그러고선 생각했다. '참 나, 만춘이랑 덕배가 뭐야? 그럼 나는 홍 씨니까 홍만춘이랑 홍덕배네? 뭐야, 완전 촌스러워! 진짜 별로다. 하, 참나. 뭐야, 진짜. 홍만춘, 홍덕배가 뭐냐고. 하, 참나.'

그날 이후로 많은 것이 바뀌었다. 사람들에게 쿨쿨이와 꿀꿀이에 대해 얘기할 때 자꾸만 "내가 어제 만춘, 아, 아니 쿨쿨이를 세탁기에 넣고 빨았는데…"라고 하거나, "내가 자면서 자꾸 떡배를 발로 차나 봐. 맨날 일어나보면 침대 밑에 떨어져 있네." "떡배가 누군데?" "너랑 같이 오키나와 가서 사 온 인형 있잖아." "걔는 뭐 꿀꿀인가 그렇지 않았냐?" "그러니까. 나 꿀꿀이라고 했는데?" "니가 방금 떡배라며?" "내가 언제?"와 같은 식이었다. 이건 마치 안 돼, 안 돼, 돼, 돼…의 클리셰처럼, 천천히, 그리고 서서히 나를 만춘떡배의 세계로 침투시키고 있었다.

　그로부터 몇 년이 흘러, 이제 내 인형들은 쿨쿨이와 꿀꿀이로 부르는 게 더 어색할 정도로 만춘이와 떡배로서 입지를 굳게 다져놓은 상태였다. 그리고 한창 글을 쓰겠다고 난리법석을 떨던 때이기도 했다. 그 무렵『직장 그만두지 않고 작가 되기』라는 책을 처음 접했던 나는 코로나 시절이라 그만둘 직장도 없었지만 작가는 되고 싶었다. 그래서 책에서 소개한 '브런치'라는 글쓰기 플랫폼에 이끌려 가입을 하려 했다. 브런치는 가입할 때 이름을 적어 내야 했는데 나는 그게 플랫폼 내에서 필명이 되는 건지 모르고 그냥 내 본명을 적어 내기 뭐하다고만 생각했다. 뭐라고 적어야 하나 고민하다, 문득 발치를 보니 굴러다니는 만춘이와 떡배가 있었다.

　'얘네 이름 좀 빌려 쓰지 뭐. 홍떡배는 좀 그러니까 홍만

춘이라고 하자.'

　그렇게 나는 홍만춘이 되었고, 필명이 너무 좋다며 그대로 쓰자고 해주신 출판사 대표님 덕에 첫 책도 브런치 필명 그대로 홍만춘으로 냈다. 책을 내고서 많은 사람들이 만춘이의 유래와 뜻에 많은 궁금증을 가져주서서 이렇게 책의 지면을 할애하여 긴 설명을 하게 되었다. 그리고 만춘이라는 이름에 가득찰 만滿과 봄 춘春이라는 좋은 뜻을 붙여주었다. 내게도 가득 찬 봄날의 따스함처럼 꽃 필 나날들을 기대하며 말이다.

　이 책을 읽고 계실 여러분에게도 나의 두 번째 이름처럼 가득 찬 봄날의 따스함이 깃들길 바란다.

밸런스 게임

선택은

괴로워

밸런스 게임의 세계는 상상 이상으로 깊고 진하다. 괴롭시만 묘하게 신이 나고 다음에도 찾게 되는 농약 같은 가시나(드라마 〈드림하이〉에서 김수현이 수지에게 쳤던 대사다. 그만큼 치명적이라는 뜻) 같달까. 이 게임은 결국 우리가 어떤 선택을 하든 정답이 없는 선택지를 던져주고, 그 순간의 고민마저 웃음으로 승화시키는 묘한 힘이 있다. 밸런스 게임은 우리를 심오한 철학적 딜레마로 몰아넣는 동시에 우스꽝스러운 상상력을 발휘하게 만드는 최고의 엔터테인먼트다.

얼마 전에 마누스 출판사와 유튜브 촬영을 진행하며 밸런스 게임을 한 적이 있다. 개중 몇 가지를 소개해보자면 이렇다.

1. 연봉 5배 인상(퇴직까지) VS 100만 부 판매 베스트셀러 작가

사실 내 연봉은 매우 귀여운 수준이기 때문에 다섯 배를 해도 소소하여 고민할 것 없이 후자를 선택했으나, 밸런스 게임의 미학은 이런 것이 아니다. 선택지가 극과 극을 달릴수록 재밌고 고민될수록 짜릿한 법이다. 나의 망설임 없는 모습을 본 대표님이 '연봉 5배 인상'의 숫자 5 앞에 1을 그어 15배로 만들어주셨다…. 100만 부 베스트셀러 작가는 굉장한 명예이자 영광일 터였다. 출판 불모 시대(?)에 알 만한 사람들은 다 아는 책을 써낸 것 아닌가? 100만 부를 팔면 얼마를 받는지 감히 계산해본 적도 없었지만 내가 여태껏 만져본 적도 없는 액수일 것이다. 하지만 단발성일 테고 다음에 내는 책도 이렇게 사랑받을 수 있으리라는 보장도 없으며 그전에 내 책을 내주겠다는 출판사가 존재하지 않을지도 모른다. 하지만 퇴직할 때까지 연봉 15배 인상이라니? 정년퇴직이 보장된 회사는 없다지만 내가 정년까지 죽지 않고, 회사도 내가 죽지 않을 때까지 망하지 않는다는 가정 하에 족히 20년 이상은 억대 연봉인 셈이었다. 돈 앞에 순식간에 모든 이성이 날아갈 뻔하였으나 아직까지는 글을 쓰는 즐거움이 좋아 100만 부 베스트셀러 작가를 선택했다. 한 번 100만 부를 판매한 이력이 있는 작가라면 그다음에 내는 책도 어느 정도 입소문이 나기를 기대해볼 법하기도 하고 말이다.

2. 상사에게 19금 링크 잘못 보내기 VS 상사 험담 카톡 잘못 보내기

나를 최대 딜레마에 빠지게 만든 질문이다. 첫 선택은 전자였다. 19금 링크는 단발성 해프닝으로 끝날 수 있지만 후자는 나나 상사 둘 중 하나가 퇴직하기 전까진 풀리지 않는 앙금을 감수하고 다녀야 하기 때문이었다. 심지어 내가 부하 직원이라면 눈치를 배로 봐야 했다. 하지만 생각할수록 우리 사회가 그렇게 입이 무거운 민족은 아니라는 생각이 들었다. 상사뿐만 아니라 오피스 메이트 중 그 누구에게라도 사회적으로 부적절한 종류의 어떤 링크를 보냈다면? 그날로 사회적 매장인 셈이었다. 소문은 퍼지고 퍼져 종국엔 회장님 빼고 회사의 복사기까지 쑥덕거리는

(아니 홍만춘 사원이 글쎄, 로 시작하는) 불상사가 생길 수 있음이었다. 전자야말로 모든 불명예를 떠안고 퇴직해야만 끝이나는 슬프고도 무서운 상황임에 틀림없었다.

　나도 19금 링크까지는 아니지만 다른 사람에게 보내야할 채팅을 회사 단톡방에 잘못 보낸 적이 있었다. 때는 인천공항에 다니고 있을 시절이었다. 공항엔 수속 카운터마다 딸린 수하물 벨트가 있는데 그 벨트는 안전을 위해 평소엔 돌아가지 않고 카운터 안에서 직원이 열쇠를 꽂아야만 작동했다. 그래서 수속을 하는 직원들은 모두 벨트 키를 들고 다녔다. 열쇠를 빼는 순간 벨트도 작동을 멈추기에 카운터에서 수속하는 동안은 내내 벨트 키를 꽂아놓고 있어야 했는데, 그렇다 보니 수속을 끝내고 이동할 때 벨트 키를 까먹고 그냥 가는 경우가 많았다. 100명이 넘는 직원 단톡방엔 항상 벨트 키를 몇 번 카운터에서 습득했으니 주인은 찾아가시라는 내용, 본인의 벨트 키를 찾는다는 내용이 끊임없이 올라왔다. 그날도 어김없이 벨트 키 주인을 찾는다는 채팅이 올라왔고, 나는 다른 채팅방에 보내야 할 내용을 직원 단톡방에 잘못 보내고 말았다. 그런데 정말 기구하게도 이전 채팅과 내용이 이어지는 것이었다.

— 사진

— (직원 1) : 이 벨트 키 주인 있으신가요? 19번 카운터에 있습니다!

— (나) : 어휴. 맨날 그렇지, 뭐.

맹세코… 다른 채팅방에 보내야 할 내용이었다. 그런데 저게 왜 저기 올라가 있는 것인가? 등 뒤에서 식은땀이 났다. 나는 재빠르게 메시지를 삭제했으나 이미 여러 사람들의 휴대폰 알림에 떠 읽혀버린 나의 '어휴, 맨날 그렇지 뭐'는 지울 수 없었다.

3. 천사 같지만 하나부터 열까지 다 가르쳐야 하는 후배 VS 악마 같지만 착착 일 잘하는 후배

나는 모든 일에 있어서 인성이 제일 중요하다고 생각한다. 그게 상사가 됐든, 동기나 후배가 됐든, 기본적인 인성이나 예의가 갖춰져 있지 않으면 일머리는 둘째 문제라고 생각'했'다. 대표님의 부연 설명을 듣기 전까진 말이다. '후자와 함께하면 칼퇴하지만 전자와 함께하면 매일 밤 11시

에 퇴근한다.' 어쩌다 한 번도 아니고 매일 밤 11시는 선 넘었지. 아무리 네가 악마여도 매번 칼퇴를 시켜준다면 분명 봐줄 만한 '나의 작은 꼬마 악마'일 터였다. 가치관마저 바꿔버리는 밸런스 게임. 매섭다, 매서워.

밸런스 게임의 진정한 묘미는 질문이 엉뚱할수록, 그리고 상황이 말도 안 될수록 극대화된다. 예를 들면 '모든 말이 거짓말로 들리기 VS 모든 사람이 내 말을 오해하기' 같은 것처럼. 이 질문에 답을 하려다 보면 갑자기 나의 삶이 흔들리게 된다. 모든 말이 거짓으로 들린다면 나는 세상을 신뢰할 수 없을 것이다. 반대로 내 모든 말이 오해를 불러일으킨다면 결국 나는 혼자 외로워질 것이다. 고민 끝에 내린 결론이 무엇이든, 그 과정에서 "이걸 내가 왜 이렇게 진지하게 고민하고 있지?"라는 자각이 들며 스스로 웃게 된다. 결국 밸런스 게임은 심각한 선택지를 던지면서도, 그 심각함을 웃음으로 바꿔버리는 묘한 능력이 있다.

밸런스 게임은 우리가 무엇을 중요하게 생각하고, 어떤 것에 우선순위를 두며, 어떤 방식으로 삶을 해석하는지를 보여주는 재미있는 도구다. 동시에 답이 정해지지 않은 질문 앞에서 가볍게 웃으며 인생의 선택에 대한 부담을 덜어내는 유쾌한 순간을 선사한다. 그러니 다음에 누군가 밸런스 게임을 제안한다면 망설이지 말자. 그 속에서 우리는 진지함과 유머, 그리고 자신에 대한 새로운 발견을 경험할 수 있을 것이다.

좋아하는 마음에 대하여

세상에는 많은 감정이 있지만 무언가를 좋아하는 마음만큼 뜨겁고 순수한 것도 드물다. 어떤 이에게는 그것이 여행일 수도, 어떤 이에게는 음악이나 스포츠일 수도 있다. 때로는 특정한 사람, 캐릭터, 혹은 그저 한 잔의 커피일 수도 있다. 중요한 것은 대상을 떠나 '좋아한다'는 그 마음 자체가 우리를 움직이고 변화시킨다는 점이다.

세상은 무언가를 열과 성을 다해 좋아하는 사람들 덕분에 돌아간다. 그들은 자신이 좋아하는 것에 에너지를 쏟고 시간을 투자하며 때로는 모든 것을 걸기도 한다. 무언가를 열렬히 좋아하는 마음은 단순한 열정 이상의 것일 테다. 그것은 우리를 움직이는 가장 순수한 동력이며 삶의 의미를 깊이 탐구하게 만드는 감정이다.

내가 마음을 다해 좋아하는 것 중 하나인 책에 대해 이야기해보고 싶다. 책을 좋아하는 사람은 어떤 방향으로든 책의 곁을 맴도는 것 같다. 고등학교 시절, 대부분의 형제자매들이 으레 그렇듯 나와 언니는 죽일 듯이 싸워댔다. 언니한테 무지성으로 대들었던 주제에 언니가 집을 비우면 언니 방에 가서 언니 책장에 꽂혀 있는 책들을 몰래 읽었다. 그 당시 시험기간이 싫었던 가장 큰 이유는 시험공부 때문에 책을 읽을 시간이 없어서였다(누가 들으면 대단한 공부벌레 같겠지만 그런 건 아니고 나는 대체적으로 시험 기간에만 공부를 했다). 책 읽을 시간을 시험공부에 빼앗긴 게 분통했다. 그래서 시험만 끝나면 이불 속에 처박혀 하루 종일 책만 읽을 것이라는 다짐을 했다. 그로부터 몇 년이 흘러 웹디자이너로서 사회생활에 첫 발돋움을 할 때에도 도서디자인팀에서 도서 상세 페이지나 기획전, 배너 따위를 디자인했고,

그렇게 받은 월급은 또 책을 사는 데에 썼다. 그리고 지금은 내 이름으로 된 두 번째 책의 원고를 쓰며 나중엔 내 서점을 차려보고 싶다는 상상을 한다. 단지 책을 좋아한다는 마음 하나로 말이다.

　나는 일본 문화도 좋아하기에 일본 서적에도 관심이 많다. 일본 여행을 가면 꼭 서점에도 들러보곤 한다. 아직 일본 문고본을 능숙하게 읽을 수 있을 실력은 안 되지만 마음에 드는 책이 있으면 꼭 사서 돌아온다. 언젠간 내 책도 일본어로 번역이 되어 일본 서점의 매대에 올라가는 날이 온다면 그 책을 사 들고 와야지, 하는 멋진 상상을 하고서 말이다.
　책을 좋아하는 마음이 내 삶을 여기까지 이끌었고 또 앞으로는 어디로 나를 이끌고 갈지 기대되지 않을 수 없다.

　하루 일과가 다 끝나고 자기 전에 이불 속에 들어가 어제 읽다 만 부분의 인덱스를 떼고 책을 읽기 시작하는 순간만큼 소소하지만 확실한 행복이 또 있을까. 이처럼 무언가를 좋아하는 마음은 우리에게 작은 행복을 선사하며 그 순간순간이 쌓여 삶을 빛나게 하는 것 같다.

지금 이 글을 쓰고 있는 순간도 내가 가장 좋아하는 것들의 향연이다. 반짝이는 크리스마스 전구, 도각도각거리는 기계식 키보드 소리, 좋아하는 음악, 좋아하는 브랜드의 커피, 하나하나가 모여 나를 이루고 나의 행복을 도모한다.

무언가를 열과 성을 다해 좋아하는 마음은 곧 삶의 본질이다. 그것은 우리가 진심으로 무언가를 대하고, 그것을 통해 스스로를 발견하며 성장하게 만드는 힘이다. 우리 사회는 아직 '덕후'라는 단어가 부끄러워 숨는 경향이 있다. 하지만 좋아하는 마음을 부끄러워하지 말고 그것을 최대한 즐기고 더 깊이 탐구해보면 어떨까? 좋아하는 마음이야말로 우리가 살아 있음을 느끼게 해주고 우리의 삶을 한층 더 아름답게 만들어주는 가장 순수한 감정이니까.

작가의 말

책 한 권을 끝까지 다 읽고 지금 이 글까지 읽고 계신 당신, 너무나 사랑합니다. 그리고 두 번째 책까지 멋쟁이 마누스 출판사와 함께하게 되어 무한 영광입니다. 워낙 글 쓰는 속도가 느려 책 한 권을 쓰는 데 2년이 넘게 걸렸네요. 너무 죄송하고 감사하게 생각합니다. 주변에서 두 번째 책은 언제 나오느냐고 질문할 때마다 "까먹고 있어 봐라"라고 대답했는데, 착실히 약속을 지키게 되어 뿌듯합니다(?). 이제 책을 쓴다는 핑계로 미뤄두었던 '메이플스토리'를 다시 시작해볼까 합니다. 사실 이 책을 쓰는 동안의 절반 이상은 '메이플스토리' BGM을 틀어놓고 작업했습니다. 덕질하며 덕질 책을 쓴 셈이죠. 전 정말 훌륭한 덕후 같습니다. 여러분도 저를 본받아 훌륭한 덕후로 거듭나시길 바라겠습니다. 덕후 피스ー찡긋.

오늘도
충실히
덕을 쌓았습니다

초판 1쇄 발행   2025년 12월 16일

지은이   홍만춘
펴낸곳   마누스
발행인   정기성
디자인   지민채
보도자료   김도현
출판등록   2020년 8월 19일 제348-25100-2020-000002호
팩스   0504-064-7414
이메일   manus2020@naver.com

ⓒ 홍만춘, 2025

ISBN   979-11-94176-33-6

삶에서, 책으로.
마누스 Manus